Professor ALENCAR TERRA

Certificado de Professor pela "American Accordeonist's Association" e U. B. A. do Brasil
Registrado no Departamento de Educação Musical da P. D. F.
Academia registrada e fiscalizada pelo Governo Federal sob n.º 866
Diploma da Scandalli e Setimio Soprani (FARFISA - Itália)

Método para Acordeon

Método Completo

Dividido em 3 Volumes

Modificado de acordo com o programa oficial

1.º VOLUME

(Preliminar e 1.º Ano)

Aprovados pela Comissão Consultiva Musical do S. E. M. A. da P. D. F.

Notações aprovada pelas U. B. A. do Brasil e A. A. A. de New York

Nº Cat.: 91-M

Irmãos Vitale Editores Ltda.
vitale.com.br
Rua Raposo Tavares, 85 São Paulo SP
CEP: 04704-110   editora@vitale.com.br   Tel.: 11 5081-9499

© Copyright 1945 by Irmãos Vitale Editores Ltda. - São Paulo - Rio de Janeiro - Brasil.
Todos os direitos autorais reservados para todos os países. *All rights reserved.*

Dados Internacionais de Catalogação na Publicação (CIP)
(Câmara Brasileira do Livro, SP, Brasil)

Terra, Alencar
    Método para acordeon : método completo, 1º volume / Alencar Terra. -- São Paulo : Irmãos Vitale

1. Acordeon - Estudo e ensino I. Título.

ISBN nº 85-7407-043-2
ISBN nº 978-85-7407-043-8

98-5457   CDD-788.8607

Índices para catálogo sistemático:

1. Acordeon : Estudo e ensino : Música   788.8607

Biografia do autor

ALENCAR TERRA, nasceu em Sacramento, Estado de Minas, em 1919. Aos 12 anos de idade, já tocava violão, violino e aos 15 anos tocava piano. Em 1937, indo a Goiás, ali comprou seu primero acordeon. No início dos estudos, achou certa facilidade; porém, devido a falta de métodos as dificuldades foram surgindo.

Como não queria interromper os estudos, mandou buscar alguns métodos na América do Norte, dentre os quais foram escolhidos os dos melhores professores tais como: Charles Magnante, Gallarini, Pieto Deiro e outros.

Devido a falta de conhecimento do idioma inglês, achou grande dificuldade para a tradução dos métodos.

Considerando que a música é universal, não desanimou. Com grande esforço conseguiu, sem professor, chegar ao fim tão almejado. Em 1939 veio ao Rio onde atuou em diversas estações de Rádio, Casinos, etc., e em 1940 fundou uma Academia de Acordeon.

Assim que começou a lecionar, os mesmos obstaculos apareceram: **falta absoluta de métodos**, pois nem todos os discípulos tinham conhecimentos de música; outros nem ao menos conheciam o teclado do piano.

Com o auxílio dos métodos americanos e com sua prática, fez ele este método, divido em três volumes, contendo todo o programa de exame do 1.º ao 6.º ano final, aprovado pelo S. E. M A. da P. D. F.

Fugiria a um indeclinável dever, se, ao completar a obra que me comprometi realizar, tal como a de escrever um Método para ensino de acordeon, não deixasse aqui consignados os nomes dos Técnicos e Orientadores do Serviço de Educação Musical e Artística (Departamento de Educação Complementar da P. D. F.) : Prof. Silvio Salema Garção Ribeiro, (ex-chefe do S.E.M.A.). Professora Maria Augusta Joppert (atual chefe). Professoras Cacilda Barbosa e Zuleida de Araújo Motta (Técnicos de Educação). Prof. Florêncio de Almeida Lima, professoras Lucília Guimarães Vila Lobos, Noêmia Carvalhaes Paiva, Nelia Alves Pequeno, Nair de Oliveira e Duilia Madeira, da Comissão Consultiva Musical do S.E.M.A., que tudo têm feito para elevar o acordeon ao nível dos instrumentos musicais já oficializados.

Graças ao S.E.M.A., as Escolas, Academias e Cursos para o ensino de acordeon, registrados ou não, serão agora orientados por um só programa, desde que pretendam o mesmo objetivo : tocar certo e conscientemente.

Dos esforços por mim dispendidos, sinto-me plenamente compensado, uma vez que agora não mais precisarão os Srs. Professores e estudantes de acordeon, lançar mão de Métodos e autores estrangeiros, o que tanta confusão sempre determinou aos que se dedicam ao estudo desse maravilhoso instrumento.

Advirto, ainda, aos que pretendem estudar acordeon, que, futuramente, só serão aceitas no programa oficial, obras aprovadas pela C. C. M. do S. E. M. A. da Prefeitura do Distrito Federal.

O Autor

PREFÁCIO

Ao efetuar o lançamento de meu Método para Acordeon em sua nova edição modificada de acordo com o programa oficial do S.E.M.A., cumpre-me inicialmente agradecer aos professores e professoras que se dedicam a este instrumento que, de maneira inequivoca e altamente honrosa para mim, o têm preferido para a orientação didática dos seus cursos. Tal preferência tem sido até esta data o meu maior estímulo, e há de constituir sempre, um precioso incentivo aos meus cometimentos futuros.

Desejo também lembrar mais uma vez a todos quantos têm estudado por este método, que a orientação nele seguida e recomendada se baseia, essencialmente, nos ensinamentos dos grandes mestres do acordeon. A minha maior preocupação tem sido em que, nos métodos de minha autoria não existam sistema Alencar Terra, mas tão somente, o sistema consagrado e admitido mundialmente. Com a intenção de bem orientar os estudantes desse maravilhoso instrumento que é o acordeon, nada mais tenho feito senão procurar difundir o que aprendi com os mais renomados mestres. Devo confessar que não tem sido pequeno o zelo no sentido de imprimir ao ensino, que venho ministrando à turmas sucessivas, no decurso de muitos anos de intenso e constante labor, um máximo esforço, desinteressado e honesto, afastando-me dos artifícios da propaganda solerte e enganosa.

Os estudos, exercícios e dedilhados, principalmente os que se referem a mão esquerda (*baixos*) neste método, estão de acordo com os mais recentes aperfeiçoamentos do acordeon. Os primitivos acordeons tinham apenas 24 baixos e os fabricantes do acordeon marca Hohner, a título de propaganda, fizeram um método em que para para facilitar a execução da mão esquerda de uma maneira simples, usaram a dedilhação do 4.º dedo para os baixos fundamentais, o 3.º para os acordes maiores e o 2.º, para os acordes menores. Sendo hoje, todavia, muito rica a harmonia dos baixos nos acordeons modernos, foi necessária uma modificação no dedilhado da mão esquerda, tendo sido esta aprovada pela Convenção Internacional dos Acordeonistas.

Neste método, encontrarão os alunos as bases concretas para o conhecimento geral e seguro do acordeon, cujo domínio, entretanto, só a experiência e o tempo possibilitarão, no sentido do aperfeiçoamento da técnica e do virtuosismo. Resta-lhes, portanto, caminhar com passo firme e animados de irrestrita vontade de triunfar, sem se deixarem esmorecer ante os primeiros insucessos, nem se empolgarem em demasia com os primeiros sucessos, caso quizerem atingir com segurança a meta que conduz a vitória.

ALENCAR TERRA

Obras editadas para Acordeon

(Aprovadas pelo S. E. M. A.)

Exercícios semanais (1 exercício para cada dia da semana). *Alencar Terra*
Como Aprender a Fazer Acompanhamentos. *Alencar Terra*
Acordes Arpejados. (Mão direita. *Alencar Terra*
Técnica da Velocidade. (Hanon Original). *Alencar Terra*
Estudos para os Baixos. *Alencar e Sivuca*
Harmonia Moderna. *Alencar e Chiquinho*
Método em discos. *Alencar Terra*
Método em Brailler. *Alencar Terra*
Músicas diversas para exame. (1.º ao 6.º ano final).

Aproveitando-me da oportunidade, valho-me do ensejo para esclarecer que os diplomas, expedidos pela Academia Alencar Terra, têm cabal e plena validade em todo o Distrito Federal, desde que, para tanto, sejam registrados na Secretaria de Educação e Cultura da P. D. F., podendo também se assim desejarem os seus portadores, serem registrados nos órgãos competentes dos demais Estados.

Por final, cometeria uma falta imperdoável se esquecesse de assinalar aqui, a alta e prestimosa colaboração, na feitura material das minhas obras, dos Editores Irmãos Vitale, como também de seus funcionários, aos quais desejo manifestar de público, todo o meu reconhecimento e gratidão.

Alencar Terra

SERVIÇO DE EDUCAÇÃO MUSICAL E ARTÍSTICA

CURSO DE ACORDEON

Os cursos de música em geral, nos estabelecimentos registrados e fiscalizados pela P. D. F. serão de dois tipos :

a) — Formação de Professores e Formação Profissional;

b) — Curso livre.

O curso de formação de professor e formação profissional obedecerão aos programas e matérias teóricas dos cursos oficiais, com exames de promoção e conclusão de curso, com a assistência indispensável do fiscal do S.E.M.A.

Os portadores de diplomas do curso de formação de professores só poderão lecionar depois do indispensável registro permanente do D. E. C.

Para os cursos livres, não haverá exame obrigatório. Não há diplomas nem certificados, podendo o Diretor ou professor dar um atestado de aproveitamento.

O curso de Acordeon será feito em 6 anos, divididos em 2 ciclos sucessivos, e constará das seguintes matérias :

1.º ciclo - Formação Profissional - 4 anos. Matérias : Acordeon e Teoria.

2.º ciclo - Formação de Professores - 2 anos. Matérias : Acordeon e Harmonia.

Ao término do 1.º ciclo, será conferido um certificado de Acordeonista Profissional.

Ao término do 2.º ciclo, será conferido um diploma de Professor.

Programa de Acordeon de acordo com o Serviço de Educação Musical e Artística da P. D. F. (S. E. M. A.)

Preliminar

TÉCNICA

Pontos

1 — Posição em geral: Corpo, braços, mãos, dedos. Como tocar sentado e de pé.
2 — Fole: Maneira de abrir e fechar o fole.
3 — Conhecimento do teclado. Exercícios para a mão direita sobre 5 notas de Dó a Sol e de Sol a Ré.
4 — Conhecimentos dos baixos e dos acordes de Dó, Sol, Ré, Lá e Fá.
5 — Estudos com as duas mãos, nos tons de Dó, Sol e Fá maior.
6 — Escalas e arpejos maiores de Fá, Dó, Sol, Ré e Lá, na extensão de uma oitava, mão direita.
7 — Acompanhamento simples com os baixos fundamentais e acordes maiores de Dó, Sol, Ré, Lá e Fá.
8 — Execução do "legato" (sem interromper o som).
9 — Dedilhado e sua importância. Nas obras para acordeon do Prof. Alencar Terra, o estudante encontrará uma dedilhação correta.

LEITURA

10 — Leitura e localização das notas nas claves de Sol e Fá, no teclado e nos baixos.

AGILIDADE

11 — Técnica da velocidade (Hanon). Veja obra Alencar Terra.

RITMO

12 — Ritmos muito fáceis, colcheias e notas pontuadas.

ESTÉTICA

13 — Sinais de interpretação. Forte, piano, crescendo e decrescendo.

REPERTÓRIO

Peças muito fáceis de compositores eruditos. Músicas folclóricas brasileiras. Arranjos aprovados pelo S. E. M. A.

MATÉRIA

Mínimo de matéria a ser dada durante o ano, 6 peças.

EXAME

Escalas e arpejos, 1 estudo, 1 exercício de velocidade, duas músicas, sendo uma brasileira e outra estrangeira.

Conhecimentos gerais sobre instrumentos de fole

É muito comum perguntar-se qual a diferença entre a Sanfona, Harmônica, Concertina, Bandoneon e o Acordeon. Para responder, com absoluta certeza e garantia, fui ter com meu colega e amigo particular Prof. Antenogenes Silva — o popular acordeonista e sanfonista do Brasil — o qual gentilmente me ofereceu os respectivos dados da Sanfona e Harmônica.

SANFONA

A Sanfona é um instrumento pequeno com fole dividido em duas partes, sendo uma para o canto e outra para o acompanhamento (baixos). A Sanfona pode ser de 2 a 8 baixos; no máximo 21 botões em tons naturais. (Ver o clichê n.º 9). Cada botão emite dois sons, um ao abrir e outro ao fechar o fole.

HARMÔNICA

A Harmonica tem diversos tipos tanto no tamanho como na fabricação, a saber: — semitonadas, cromáticas que variam de 12 a 240 baixos, sendo que as de 36 botões para cima são do sistema universal (Acordeon).

Na Itália — o país onde é mais difundido o Acordeon — tambem existe a mesma confusão entre a Sanfona, Harmônica, etc. etc. — Chamam: Harmônica cromática, Harmônica-Piano, Harmônica semitonada, Harmônica de escalas naturais, e Fisarmônica.

CONCERTINA

A Concertina é um instrumento de formato hexagonal com uns tantos botões de cada lado, com um fole, sendo que as duas partes são para solar (canto.)

BANDONEON

O Bandoneon é um instrumento de origem européia. O Bandoneon completo está provido de um fole e de 71 botões, sendo que 38 na mão direita e 33 na mão esquerda. Cada botão emite 2 sons, um ao abrir e outro ao fechar o fole. O Bandoneon popularizou-se na Argentina nos fins do século passado, porém a partir de 1900 tornou-se um instrumento essencial para as orquestras típicas daquela República.

ACORDEON

O "Acordeon-Piano" foi inventado na França, no ano de 1852 por Boulon. É uma combinação de Sanfona, Harmônica, Concertina e Piano. O interior de um Acordeon é formado por palhetas. (Ver pág. 13). O som emitido pela pressão do ar, produzido ao abrir e fechar o fole. Os diversos registros do Acordeon servem para imitar vários instrumentos. Seu som é diferente de seus antecessores, tendo grandes possibilidades expressivas, e pode ser por meio de registros, adaptado a qualquer instrumento de corda.

Seu teclado abrange de 2 a $3\frac{1}{2}$ oitavas. O dedilhado, sendo igual ao do piano, facilita a execução das escalas, harpejos e acordes. Na mão esquerda os acordes já estão prontos. O Acordeon ocupa a clave de sol para a mão direita e a clave de fá para a mão esquerda. Pesa de 2 a 16 Kgs. Há vários tipos de Acordeons. Os mais usados têm 12, 24, 36, 48, 60, 80, 96, 120 e 140 baixos, sendo que, quem toca um Acordeon de 12 baixos, poderá tocar sem grande dificuldade até um de 140, pois a diferença está só no tamanho. O Acordeon é muito difundido na Europa, principalmente na Itália.

Devemos seu aperfeiçoamento ao comendador Paolo Soprani e seus sucessores, que no ano de 1863 fundaram uma fábrica de Sanfonas e Harmônicas na Itália.

Posição correta para tocar sentado

Observar a posição do braço direito.
Apoiar o fole na perna esquerda, a parte do teclado na perna direita.

Posição correta para senhoras

Observar o braço direito.
Deixe o peso do acordeon sobre as pernas.
Tocar apoiada no espaldar da cadeira.

Posição correta de abrir o fole.

Posição correta de fechar o fole.

Como tirar o acordeon do estojo sem arranhá-lo, e com a maior facilidade.

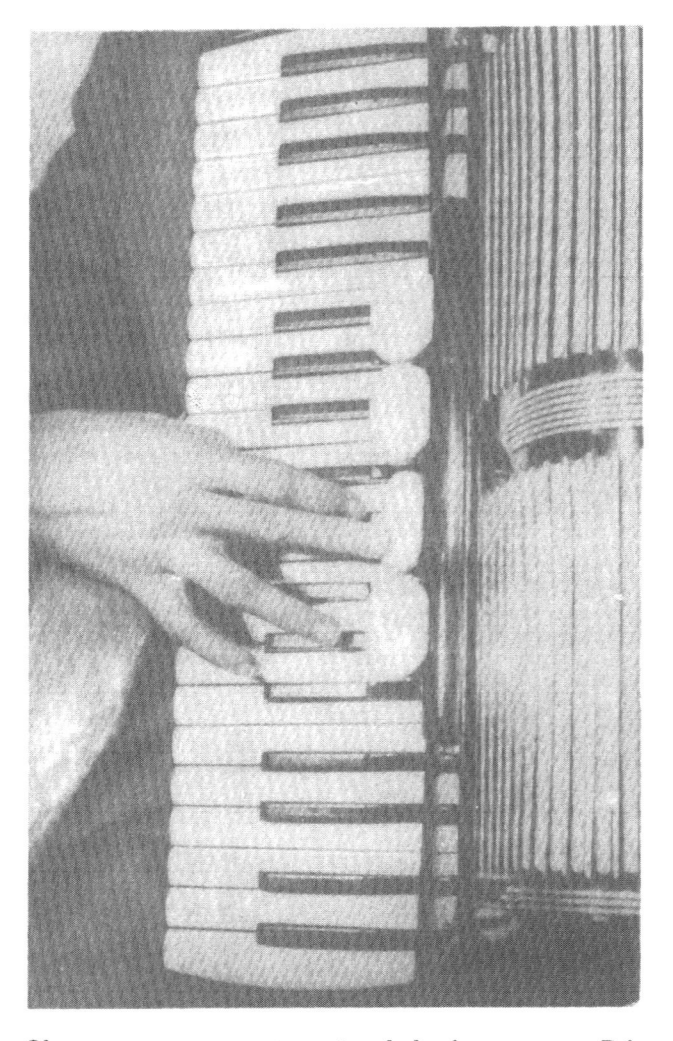

Observe que enquanto o 1.º dedo fere a nota Dó o 3.º dedo comanda a mudança do registro.

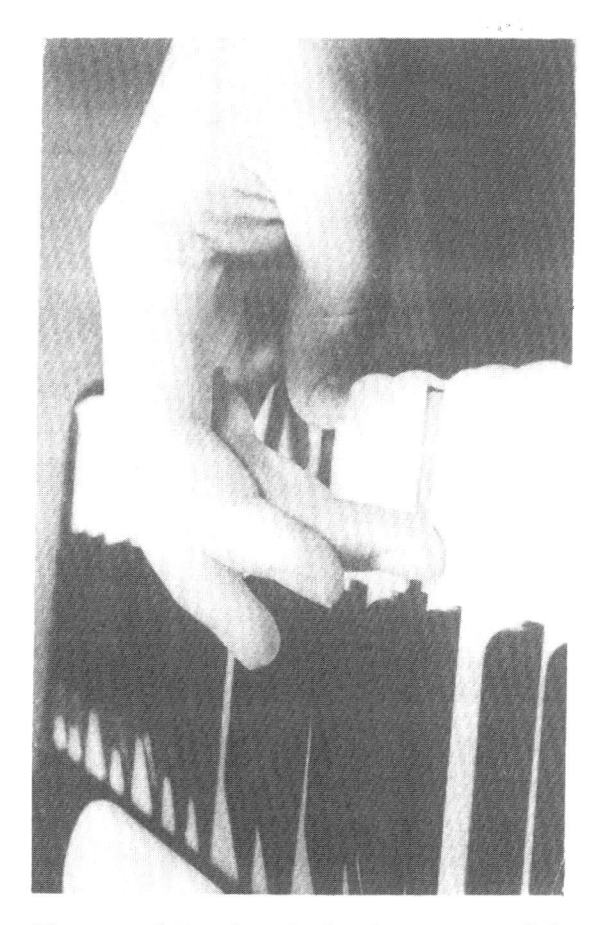

Nessa posição só poderá soltar a nota Sol quando se ferir a nota Dó.

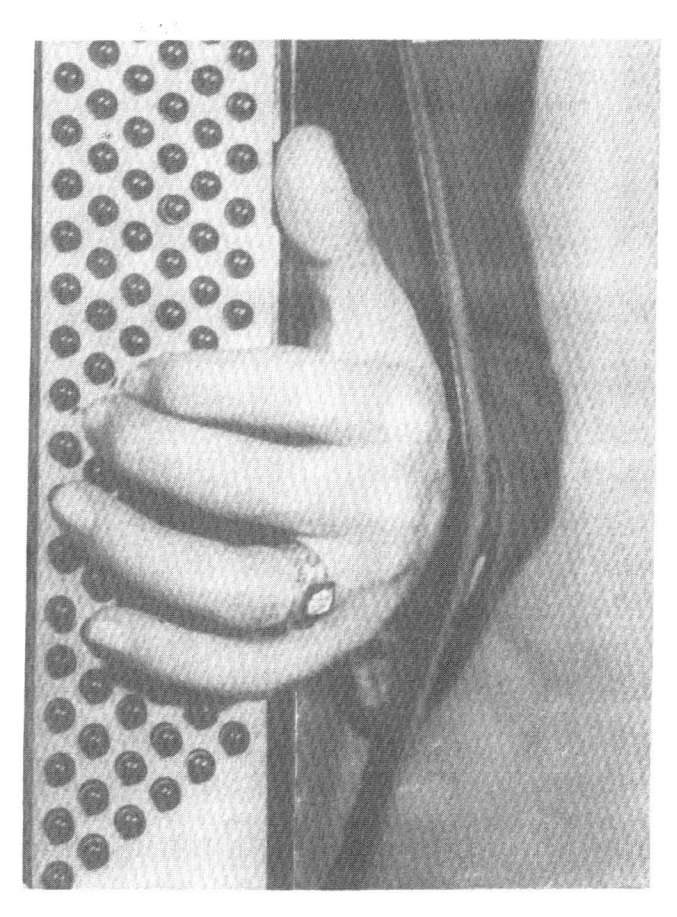

Posição correta dos baixos. (Dó) com o 3.º dedo. Maior (M) com o 2.º dedo.

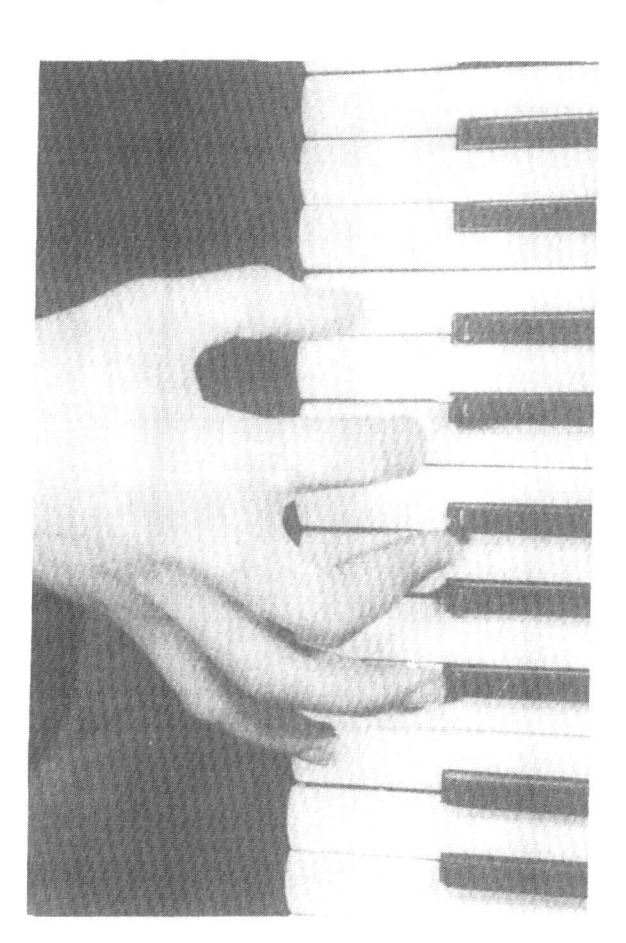

Acorde de Dó maior.
Dó-Mi-Sol Dó

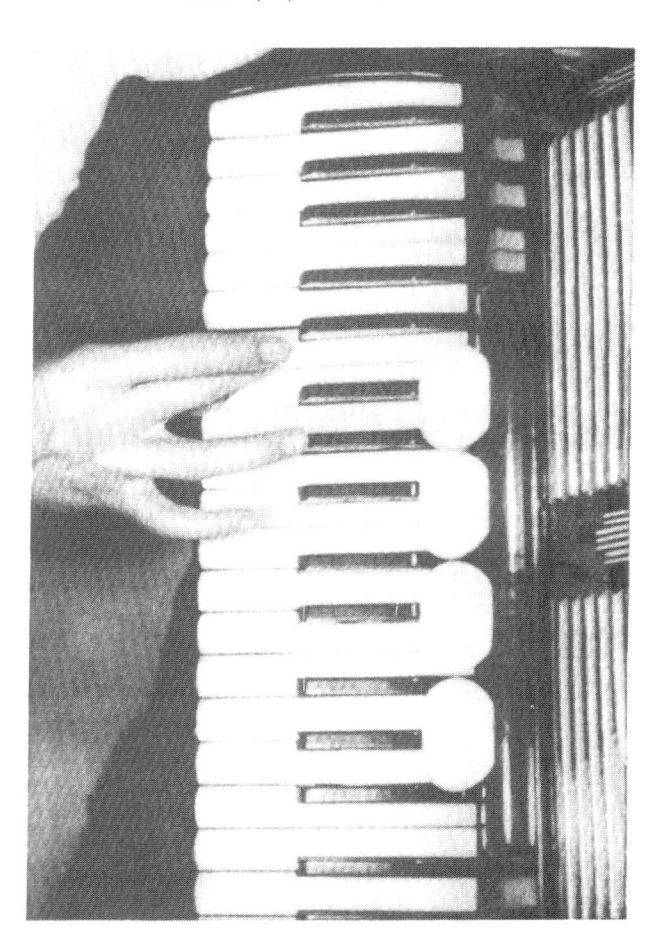

Passagem do Mi com o 3.º dedo para o Fa com o 1.º dedo. (Escala de Dó maior).

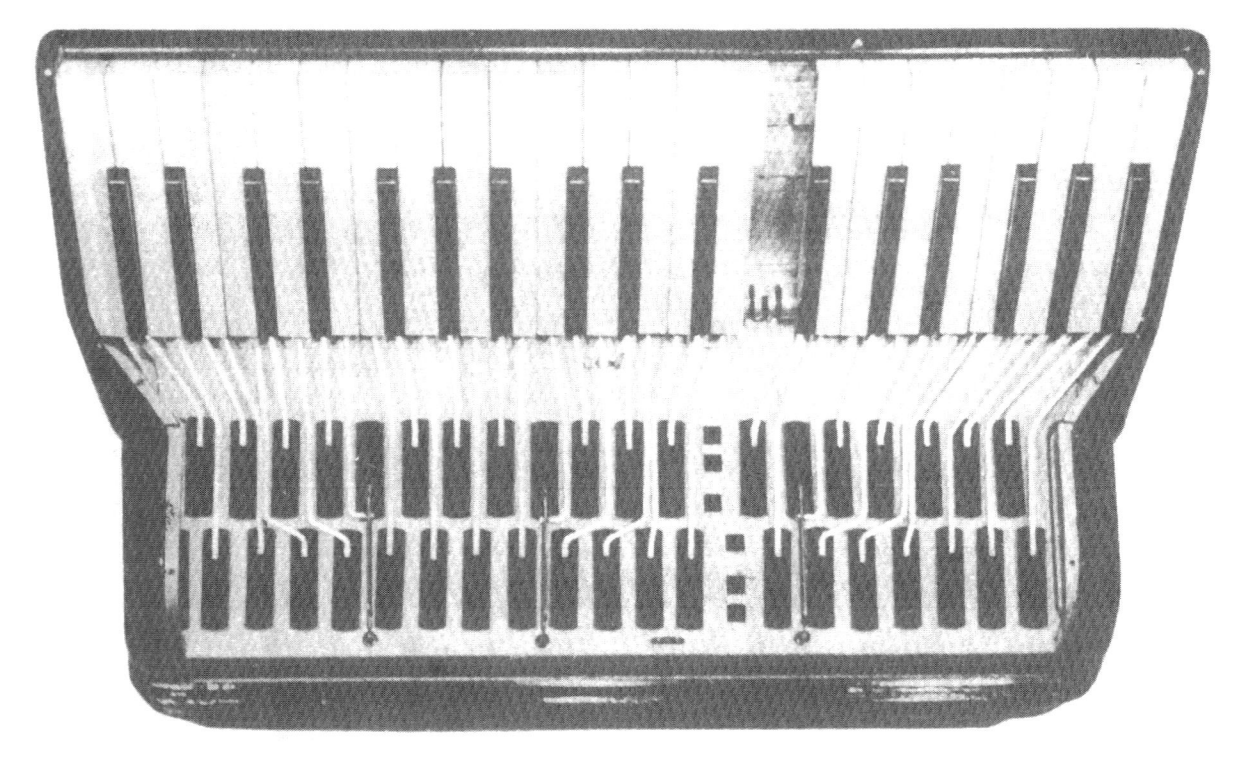

Vista geral das sapatilhas. Veem-se os furos de onde saem os sons.

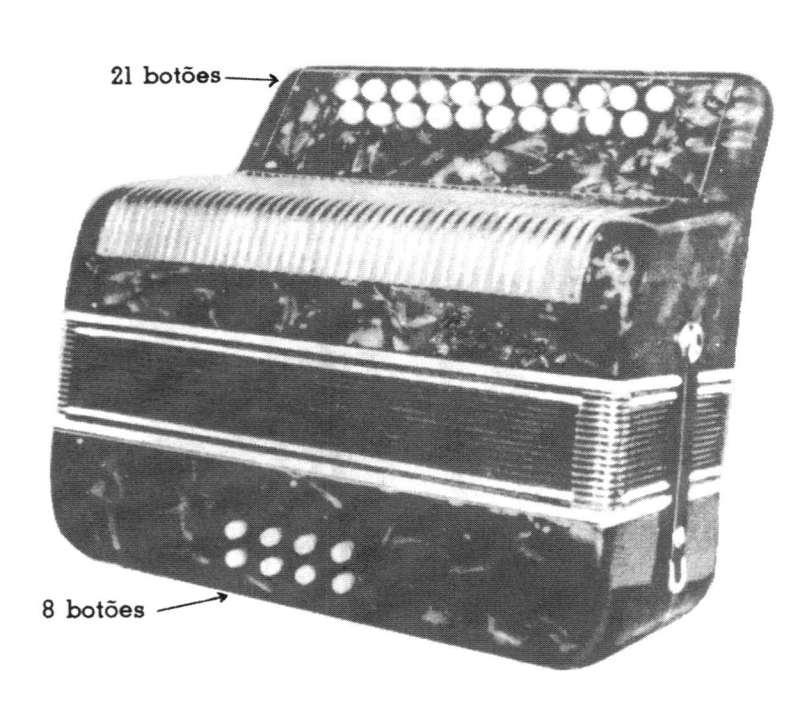

21 botões

8 botões

Sanfona de oito baixos

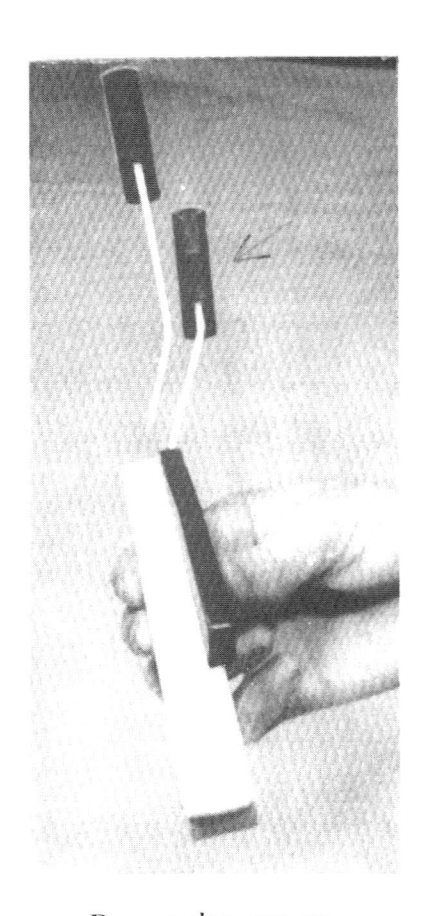

Duas teclas com as sapatilhas

Registros para mudança dos sons

Teclado a piano

Correias

Autamatico para abrir o fole

Regulador da correia da mão esquerda

Baixos

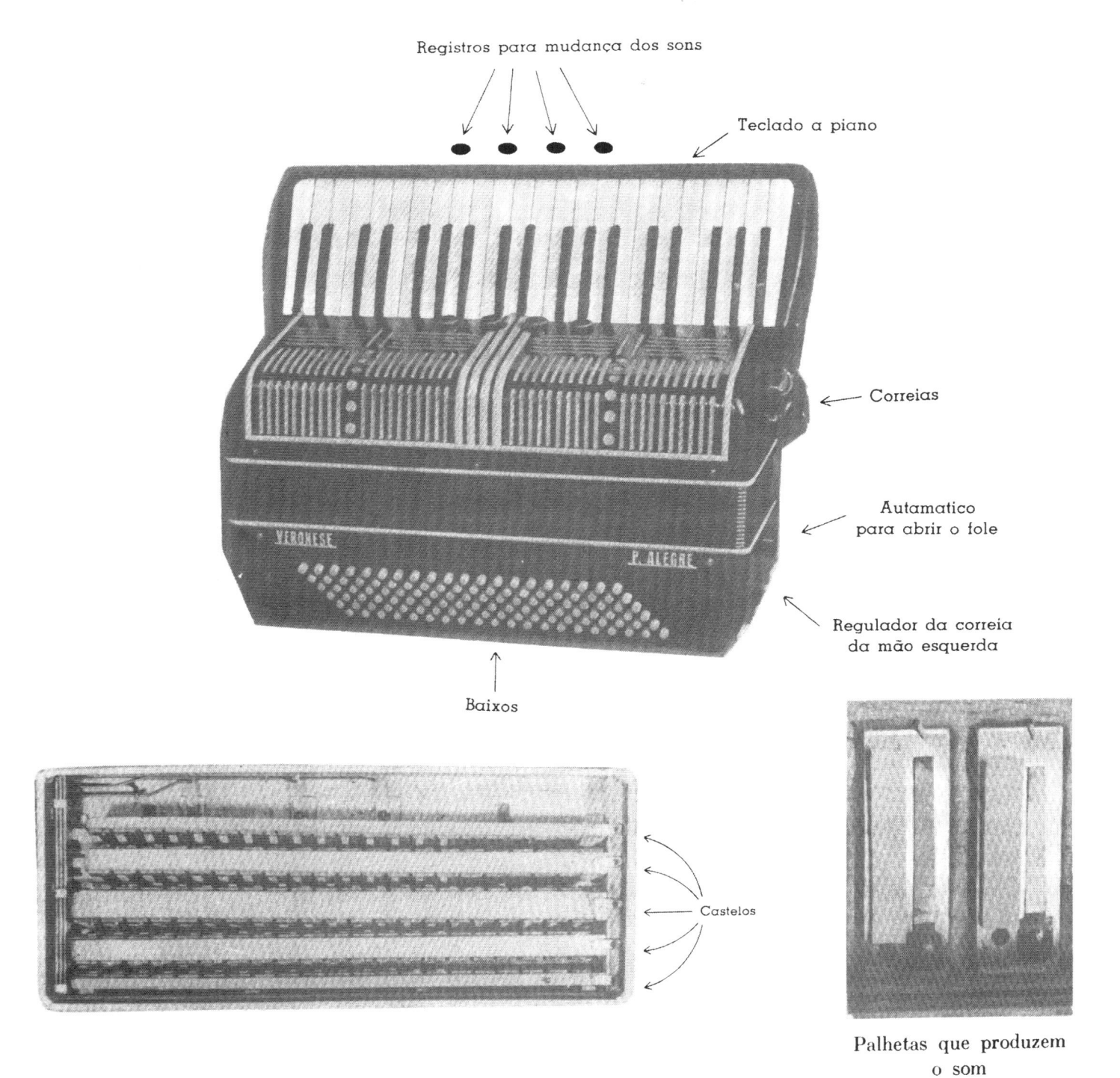

Castelos

Palhetas que produzem o som

(Dispositivo mecanico dos baixos)

Tradução do certificado de professor fornecido pela "American Accordionists' Association", 113 West 48 Str. New York 18.

ASSOCIAÇÃO DE ACORDEONISTAS AMERICANOS
Diploma de Exame
Professor diplomado pela AAA

A todos os que tiverem conhecimento do presente, saudações:

Saibam que ao snr. Alencar Terra, do Rio de Janeiro, Brasil, – após ser devidamente examinado pela Comissão Nacional para a averiguação de professores da

ASSOCIAÇÃO DE ACORDEONISTAS AMERICANOS

e dos seus grupos afiliados, a saber, as Comissões de diplomas academicos, o Comité Nacional de troféus, o Comitê supervisor de provas e a Associação Nacional de Juizes, –

é conferido este **diploma de exame** pelos seus estudos, competência e alta habilidade para o ensino.

Em testemunho de que, decidimos tornar patente este documento e afixar ao mesmo o selo da nossa Associação.

Dado em Nova York, no dia 21 de Maio somente para o ano de 1947.

(a) *Pietro Deiro*
Secretário-Tesoureiro

(a) *Joe Biviano*
Presidente

No. 257

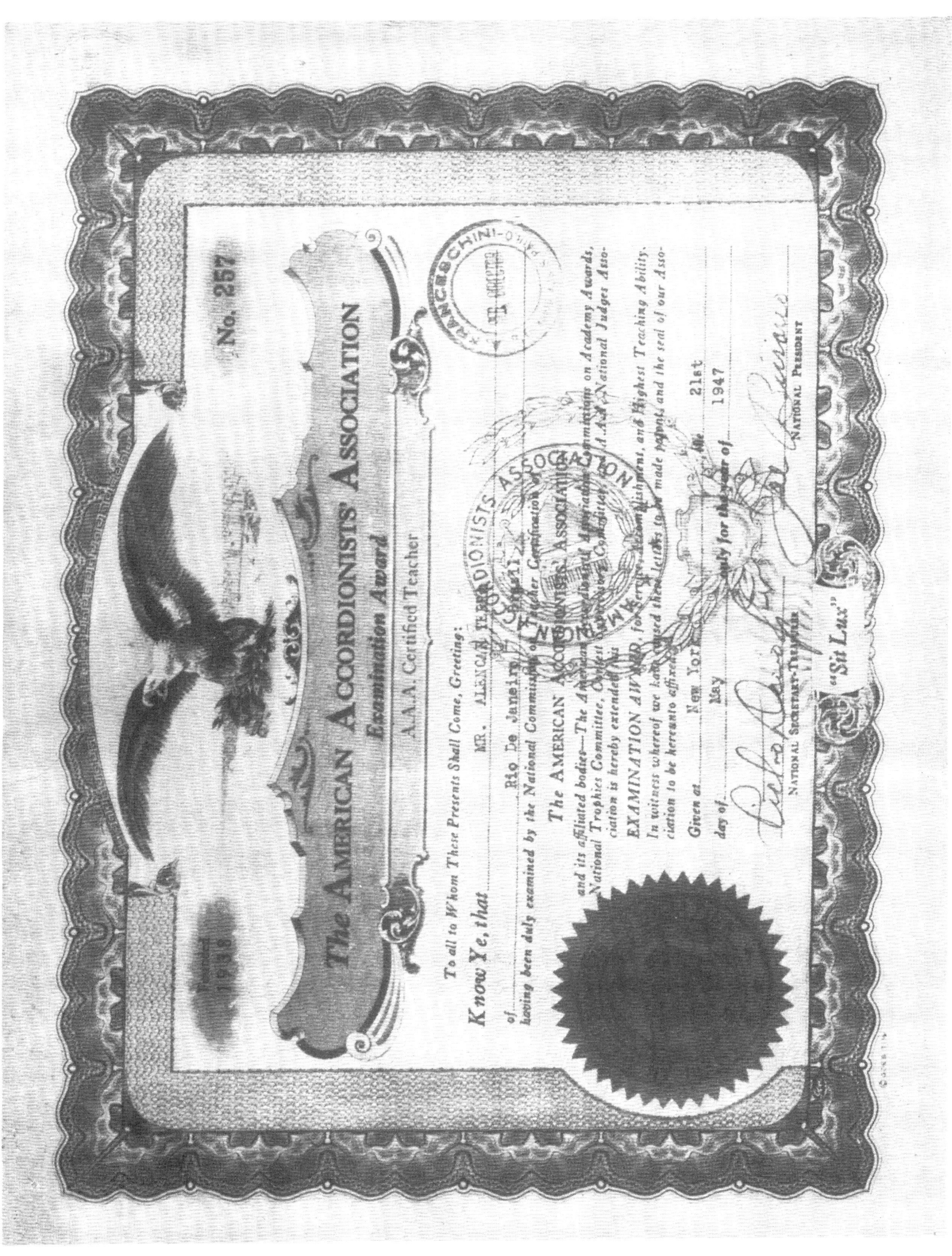

The American Accordionists Association
Examination Award

AAA Certified Teacher

To all to Whom These Presents Shall Come, Greeting:

Know Ye, that _____ MR. ALENCAR FRANCESCHINI_____
of _____ Rio De Janeiro _____
having been duly examined by the National Committee on Academy Awards,

The AMERICAN ACCORDIONISTS ASSOCIATION

and its affiliated bodies—The American Accordionists Teacher Certification Board, A.A.A. National Judges Association, National Trophies Committee, Contest Committee — and found qualified in Accomplishment, and Highest Teaching Ability, is hereby extended this

EXAMINATION AWARD for service, accomplishment, and Highest Teaching Ability.

In witness whereof we have caused these letters to be made patent and the seal of our Association to be hereunto affixed.

Given at _____ New York _____ day of _____ May _____ 21st _____ duly for the year of _____ 1947 _____

_____
NATIONAL SECRETARY-TREASURER

_____
NATIONAL PRESIDENT

"Sit Lux"

Grupo de professoras diplomadas pela Academia Prof. Alencar Terra.

Sentados, da esquerda para direita:

Prof. assistente, Zelia Mattos; Prof. Alencar Terra; Prof. Maria Augusta Joppert; Prof. assistente, Meirinha Mello.

Grupo de Acordeonistas diplomados pela Academia Prof. Alencar Terra.

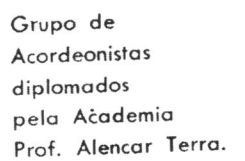

SOLENIDADE DA ENTREGA DE DIPLOMAS

Da esquerda para direita: Prof. de teoria, José Leardini; Paraninfo, Dr. Custodio Guimarães; Prof. Alice Terra, Prof. Meirinha Melo; Fiscal do Governo Federal, Prof. Maria Augusta Joppert; Prof. Alencar Terra; Secretario; Snr. Laudelino Martins; Convidados de Honra, Snrs. Joaquim Coelho dos Santos e Roberto Corrêa Mello.

Recital de Acordeon dos alunos do Prof. Alencar, ao qual compareceram 600 alunos.

Audição de alunos do Prof. Alencar.

Homenagem prestada ao Prof. Alencar Terra, por ocasião do seu aniversario.

Alunos da Professora Meirinha Mello assistente do Prof. Alencar Terra.

O Prof. Milton Assis, de Belem do Pará, diplomado pela Academia do Prof. Alencar Terra, entre seus alunos, numa audição, no Teatro Municipal daquela cidade.

Orquestra de crianças da Professora Zélia Mattos, assistente do Prof. Alencar.

Alunos do Prof. Tilé de Juiz de Fóra. Diplomado pela Academia Prof. Alencar Terra.

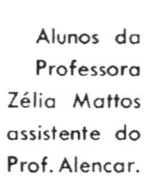

O Prof. José Nabor, de Araxá (Minas) diplomado pela Academia Prof. Alencar Terra, com a sua orquestra.

O Prof. Alencar ministrando as primeiras lições de Acordeon, ao seu filho Renato, de 3 anos.

Alunos da Professora Zélia Mattos assistente do Prof. Alencar.

Prof. ANTENOGENES SILVA

Homenagem do autor a este grande amigo, introdutor do Acordeon no Brasil.

Fac-Simili da carta, bem como a sua tradução recebida pelo professor Alencar Terra por ocasião de sua estada em Miami, quando, representando o Brasil, a convite da Embaixada Americana para interpretar a música Brasileira nos Estados Unidos da America do Norte.

THE INTER-AMERICAN MUSIC COUNCIL
COLUMBUS HOTEL · MIAMI, FLORIDA · U. S. A.

April 23, 1952

President
Mme. Irma Labastille

Secretary
Mrs. Edna Garrido Boggs
Delegate, Dominican Republic

Treasurer
Mrs. Clifton Muir
National Federation Music Clubs

Legal Adviser
Dr. Roberto Netto
Delegate, Cuba

Board of Directors
Dr. Ralph Boggs
University of Miami

Mme. Elvira Restrepo Durana
Delegate, Colombia

Mme. Maria Luisa Escobar
Delegate, Venezuela

Dr. Bertha Foster
Musicians Club of America

Dr. Joaquin Rodriguez Lanza
Delegate, Cuba

Mrs. Garland McNutt
Florida Federation Music Clubs

Mr. Alencar Terra
Columbus Hotel
Miami, Florida

Dear Mr. Terra:

Before you leave for Brazil The Inter-American Music Council wishes to express to you their deep appreciation of your fine cooperation in taking part in the Second Inter-American Music Conference, and in participating on the program of the Inaugural Concert of the First Inter-American Radio Network.

We trust that you will convey our very sincere thanks to all of those who were instrumental in sending you to us. Most certainly, Brazil could not have had a more winning and finer representative than yourself. All of those who heard you at your numerous appearances were delighted with your musicianship and interpretation of your native music.

Surely, your splendid success at our Inaugural Concert must have been most gratifying to you. It was to us. Your graceousness in accepting the various engagements we made for you in concert, on the radio, in recording for future use on the programs of the Inter-American Radio Network, has meant much to us.

Your Miami audiences and the Inter-American Music Council are unanimous in their hope that you will return to us another year.

Again, let me express our heartfelt appreciation to you.

Faithfully yours,

Irma Labastille
President

Tradução da carta da Inter-Americana de Música.

Mr. Alencar Terra:

Prezado Senhor:

Antes do senhor seguir para o Brasil, a Inter-American Music Council deseja expressar-lhe a sua grande apreciação pela sua magnífica cooperação ao tomar parte na Segunda Conferência Inter-Americana de Música, e participar do Concerto Inaugural da Primeira Rede de Estações Inter-Americanas.

Acreditamos que o senhor há de transmitir nossos sinceros agradecimentos a todos aqueles que tornaram possível a sua vinda aqui. Certamente o Brasil não poderia ter enviado um representante mais encantador e fino que o senhor mesmo. Todos os que ouviram os seus inúmeros concertos, ficaram deleitados com a sua expressão musical e interpretação de sua música nativa.

Naturalmente o seu explêndido sucesso no nosso Concerto inaugural deve ter sido também bastante agradável para o senhor. Ele o foi para nós. A sua delicadeza em aceitar os vários compromissos de concertos que lhe arranjámos, no rádio e na gravação de discos para futuros programas da Inter-American Radio Network, significou muito para nós.

Sua audiência em Miami e na Inter-American Music Council fizeram com que todos nós desejássemos a sua volta no próximo ano.

Novamente, desejamos expressar de coração a nossa grande estima pelo senhor.

FARFISA

DIPLOMA DI BENEMERENZA

rilasciato alla

Escola de Acordeon

prof. Mancur Ferra - Rio de Janeiro

che con la propria opera ha contribuito
alla valorizzazione della fisarmonica

ORGANIZZAZIONE SCUOLE DI FISARMONICA
FARFISA

FARFISA

DIPLOMA DI BENEMERENZA

rilasciato al *Prof.*

Alencar Terra

Rio de Janeiro

che con la propria opera ha contribuito alla valorizzazione della fisarmonica

ORGANIZZAZIONE SCUOLE DI FISARMONICA
FARFISA

Certidão

PREFEITURA DO DISTRITO FEDERAL
SECRETARIA GERAL DE EDUCAÇÃO E CULTURA
E. S. E. (ARQUIVO)

Certifico, em virtude do despacho do teor seguinte:

"CERTIFIQUE-SE O QUE CONSTAR". Em seis de fevereiro de mil novecentos e cinquenta e sete, Nilton de Barros, matrícula dezenove mil setecentos e dezoito, Chefe do Serviço de Expediente, despacho exarado no processo protocolado sob o número três milhões trezentos e seis mil quatrocentos e dezoito de vinte e um de agôsto de mil novecentos e cinquenta e seis, o seguinte teor: O requerente, ALENCAR TERRA, brasileiro, portador da Autorização para lecionar número oitocentos e sessenta e seis, do Departamento de Educação Complementar, tendo prestado exame de suficiência didática no referido Departamento, requer para fins de direito, que Vossa Excelencia se digne mandar passar por certidão o que constar sobre o mesmo exame. QUE, de acôrdo com a informação prestada pelo Departamento de Educação Complementar, o requerente compareceu ao Setor de Educação Musical e Artístico a fim de realizar uma prova de suficiência didática, prova essa que foi prestada perante uma banca constituida dos Técnicos de Educação Musical e Artística: - Emília D'Anniballe Jannibelli, Mário Gazanego e do professor de Artes Maria Augusta Joppert, sob minha presidência. O candidato prestou as seguintes provas: primeiro - Aula modêlo (dissertação e prática). segundo - Leitura à primeira vista de um trecho apresentado pela banca. terceiro - Leitura à primeira vista e harmonisação de um trecho do folclore e um escolar, deixando escrito o primeiro trecho em arranjo para o instrumento, como prova. quarto - Execução de duas músicas de sua autoria. quinto - Diversos exemplares de música popular. Apresentou os seguintes documentos: primeiro - Método para acordeón em dois volumes (terceiro no prélo). segundo - Título de representação do Brasil na Convenção Interamericana de Música nos Estados Unidos em abril de mil novecentos e cinquenta e dois. terceiro - Jornal "Acordeón de São Paulo, com referências ao candidato, como um dos pioneiros do ensino do Acordeón. quarto - Coleção de treze músicas impressas em arranjo do candidato. quinto - Fotografias (cinco) como documentário de Audições de seus alunos. E, nada mais constando, lavro a presente -

certidão, que vai por mim datada e assinada, conferida pela Coordenadora do Setor Arquivo e visada pelo Chefe do Serviço de Expediente.--

Distrito Federal, dezoito de fevereiro de mil novecentos e cinquenta e sete. Consuelo Fernandes Borges - matrícula 48955. Confere: Alda Mamede de Almeida - matrícula 8394 - Coordenadora do Arquivo do E.V.F.

Visto:

QUADRO DO TECLADO DE 12-24-48-80-120 E 140 BAIXOS

QUADRO DOS BAIXOS

MÃO ESQUERDA

1ª FILA — Cambio ou Contra-baixos
2ª   "   — Fundamental
3ª   "   — Acordes maiores
4ª   "   — Acordes menores
5ª   "   — Acordes de sétima da dominante
6ª   "   — Acordes de sétimas diminutas

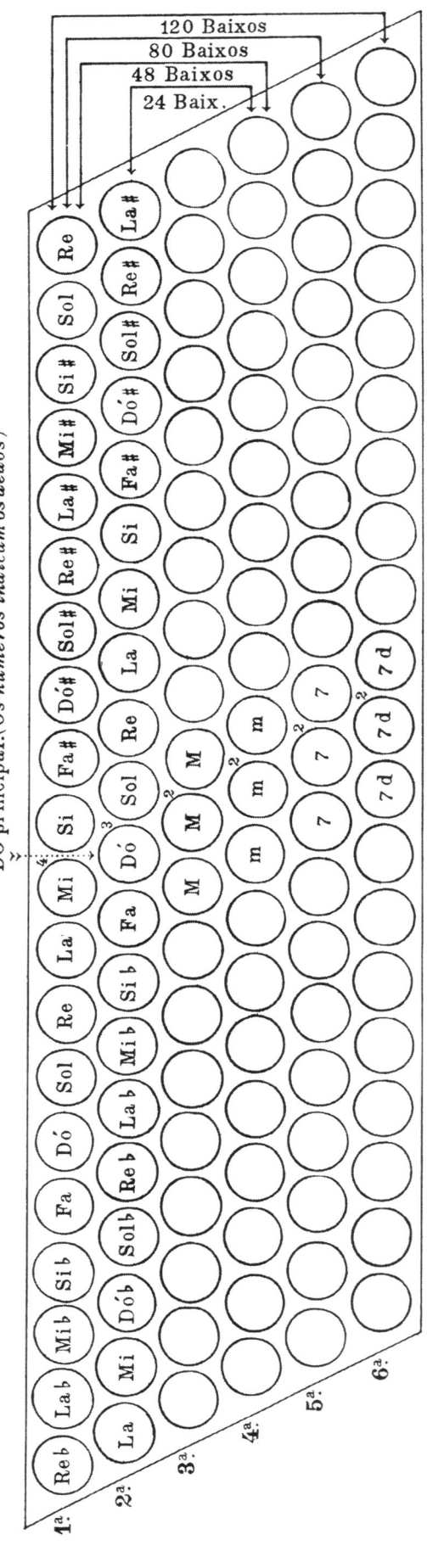

Este quadro dos baixos corresponde a um acordeon de 120 baixos.
Os acordeons de 80 baixos, contando pelos baixos fundamentais, começam pelo Sol-sustenido e terminam no Dó-bemol.
Os Acordeons de 48 baixos, começam pelo Fa-sustenido e terminam no Re bemol.
Os Acordeons de 24 baixos, começam pelo La-natural e terminam no La bemol.

Princípios da Música

A música é uma combinação de Ritmo, Harmonia e Melodia.
Os sons são representados por sete (7) notas que se exprimem com os vocábulos:

DÓ – RÉ – MI – FÁ – SOL – LÁ – SI

As notas e mais sinais se escrevem sobre uma pauta, que contém cinco (5) linhas e quatro (4) espaços. Além desta pauta que se chama natural, há mais duas, uma suplementar superior, e outra inferior.

Exemplo:

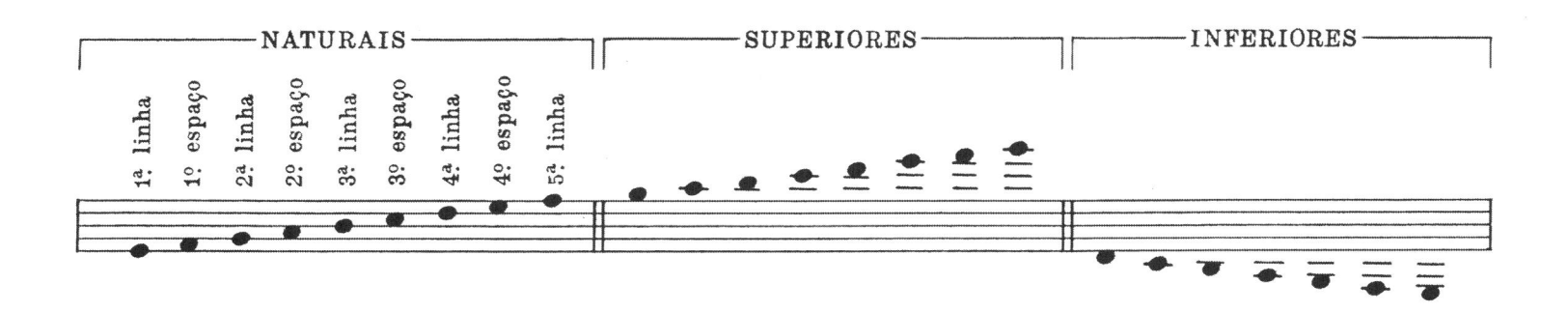

Há sete (7) qualidades de notas para indicar o valor e duração dos sons e sete pausas para indicar os silencios correspondentes ao valor de cada nota.

Exemplo:

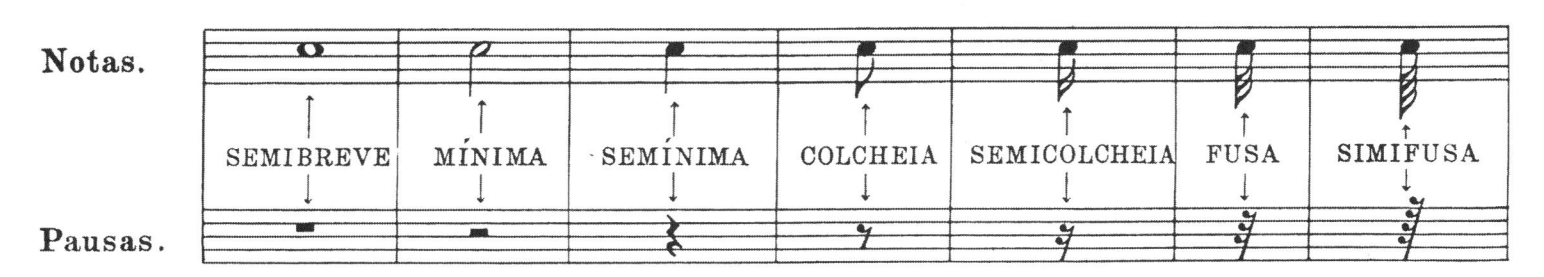

Notas.	SEMIBREVE	MÍNIMA	SEMÍNIMA	COLCHEIA	SEMICOLCHEIA	FUSA	SIMIFUSA
Pausas.							

VALOR COMPARATIVO DAS NOTAS

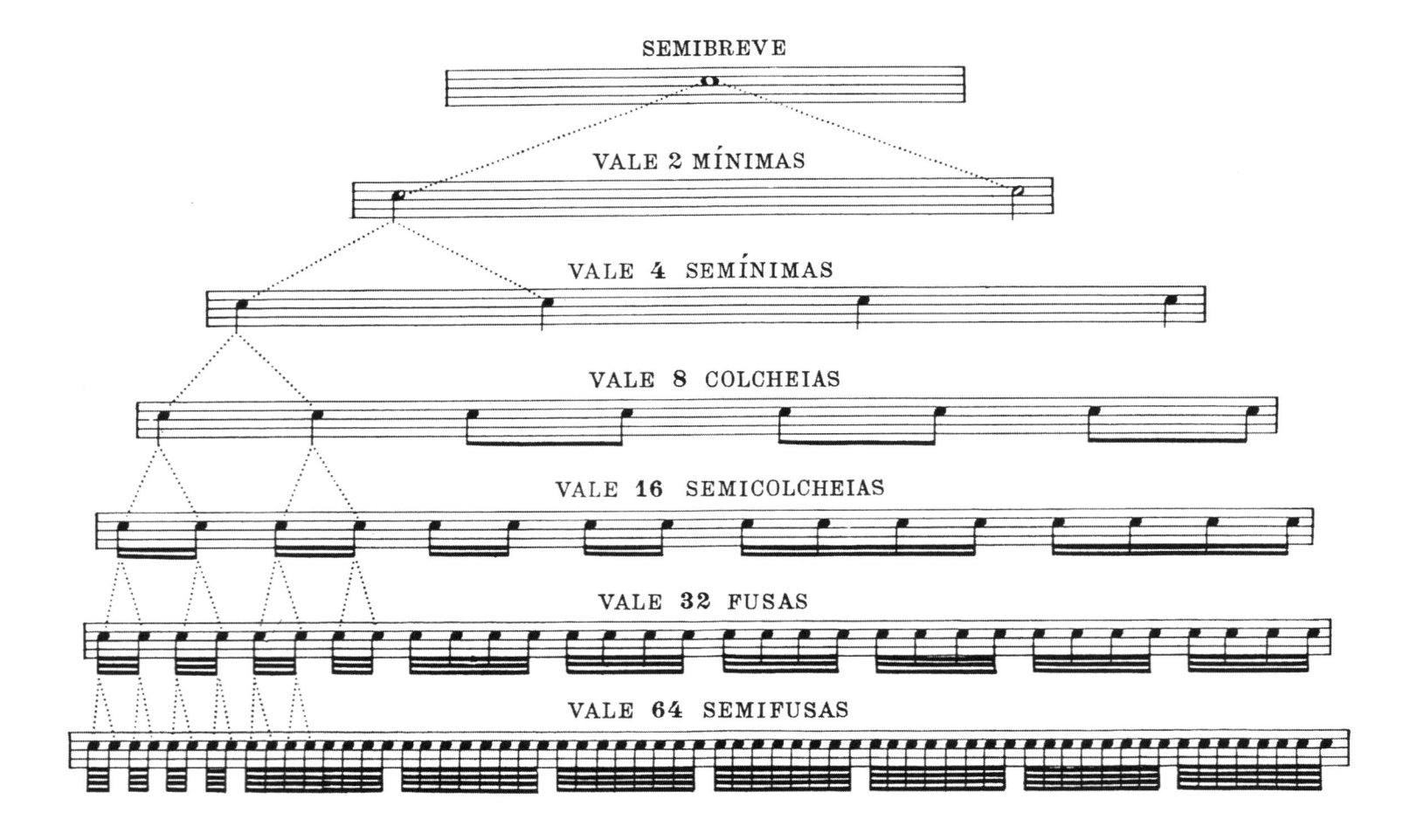

SEMIBREVE

VALE 2 MÍNIMAS

VALE 4 SEMÍNIMAS

VALE 8 COLCHEIAS

VALE 16 SEMICOLCHEIAS

VALE 32 FUSAS

VALE 64 SEMIFUSAS

COMPASSOS

Compasso é o espaço, na pauta, que fica entre duas linhas verticais.

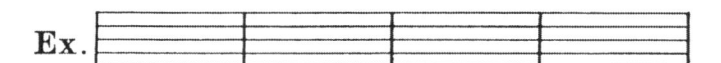

Ex.

Há três espécies de compassos simples: Binário, Ternário e Quaternário. O compasso binário divide-se em dois tempos, o ternário em três e o quaternário em quatro.

BINÁRIO   TERNÁRIO   QUATERNÁRIO

Também existem compassos compostos, dos quais tratarei no segundo volume.

CLAVES

A clave é um sinal que se coloca em uma das linhas da pauta e determina o nome da nota colocada nessa linha e a sua entoação exata.

Há três formas de claves:

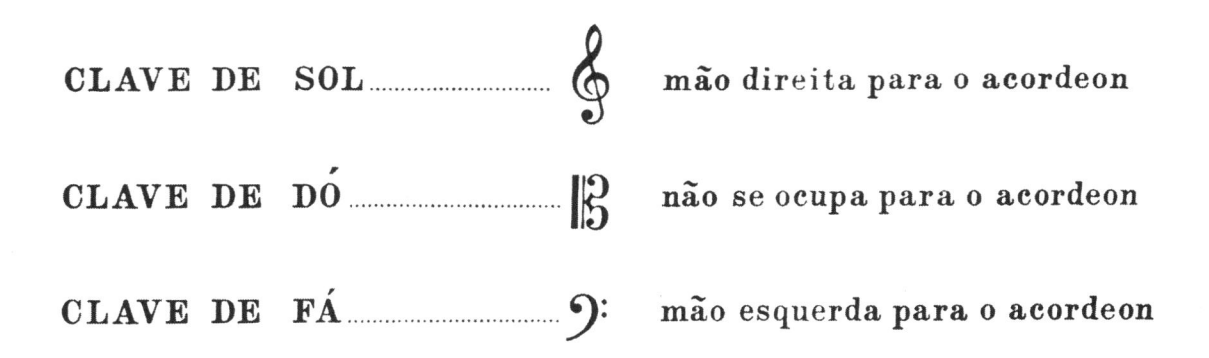

CLAVE DE SOL .... 𝄞   mão direita para o acordeon

CLAVE DE DÓ .... 𝄡   não se ocupa para o acordeon

CLAVE DE FÁ .... 𝄢   mão esquerda para o acordeon

NOME DAS NOTAS EM CLAVE DE SOL E FÁ

NATURAIS

LINHAS: Mi Sol Si Ré Fá — ESPAÇOS: Fá Lá Dó Mi (clave de sol)

LINHAS: Sol Si Ré Fa Lá — ESPAÇOS: Lá Dó Mi Sol (clave de fá)

Clave de sol (extensão): Lá Si Dó Ré Mi Fa Sol Lá — Si Dó Ré Mi Fá Sol Lá Si Dó Ré Mi Fa

Clave de fá (extensão): Sol Lá Si Dó Ré Mi Fá Sol Lá Si Dó — Ré Mi Fá Sol Lá Si Dó Ré Mi

ACIDENTES

Os acidentes são cinco: Sustenido, Bemol, dobrado Sustenido, dobrado Bemol e Bequadro.

SUSTENIDO	($\sharp$)	Faz subir a nota um semitom.
BEMOL	($\flat$)	Faz abaixar a nota um semitom.
DOBRADO-SUSTENIDO	($\times$)	Faz subir a nota um tom.
DOBRADO-BEMOL	($\flat\flat$)	Faz abaixar a nota um tom.
BEQUADRO	($\natural$)	Faz tornar a nota ao seu tom primitivo (*normal*).

Ex. | Sustenido | Bemol | Dobr. sustenido | Dobr. bemol | Bequadro |

O sustenido e o bemol se reproduzem ou assinam em sete diferentes notas, pela ordem seguinte.

SUSTENIDO		**BEMOL**	
1º	em FÁ	1º	em SI
2º	em DÓ	2º	em MI
3º	em SOL	3º	em LÁ
4º	em RÉ	4º	em RÉ
5º	em LÁ	5º	em SOL
6º	em MI	6º	em DÓ
7º	em SI	7º	em FÁ

INTERVALOS

Intervalo é a distância entre dois sons (ou duas notas).
Há duas espécies de intervalos: simples e compostos.
SIMPLES, os que estão dentro de uma oitava.
COMPOSTOS, os que vão além de uma oitava.
Os intervalos podem ser: maiores, menores, aumentados, diminutos e justos.

O intervalo de DÓ a RÉ é de um tom.
O intervalo de RÉ a MI é de um tom.
O intervalo de MI a FÁ é de um semitom.
O intervalo de FÁ a SOL é de um tom.
O intervalo de SOL a LÁ é de um tom.
O intervalo de LÁ a SI é de um tom.
O intervalo de SI a DÓ é de um semitom.

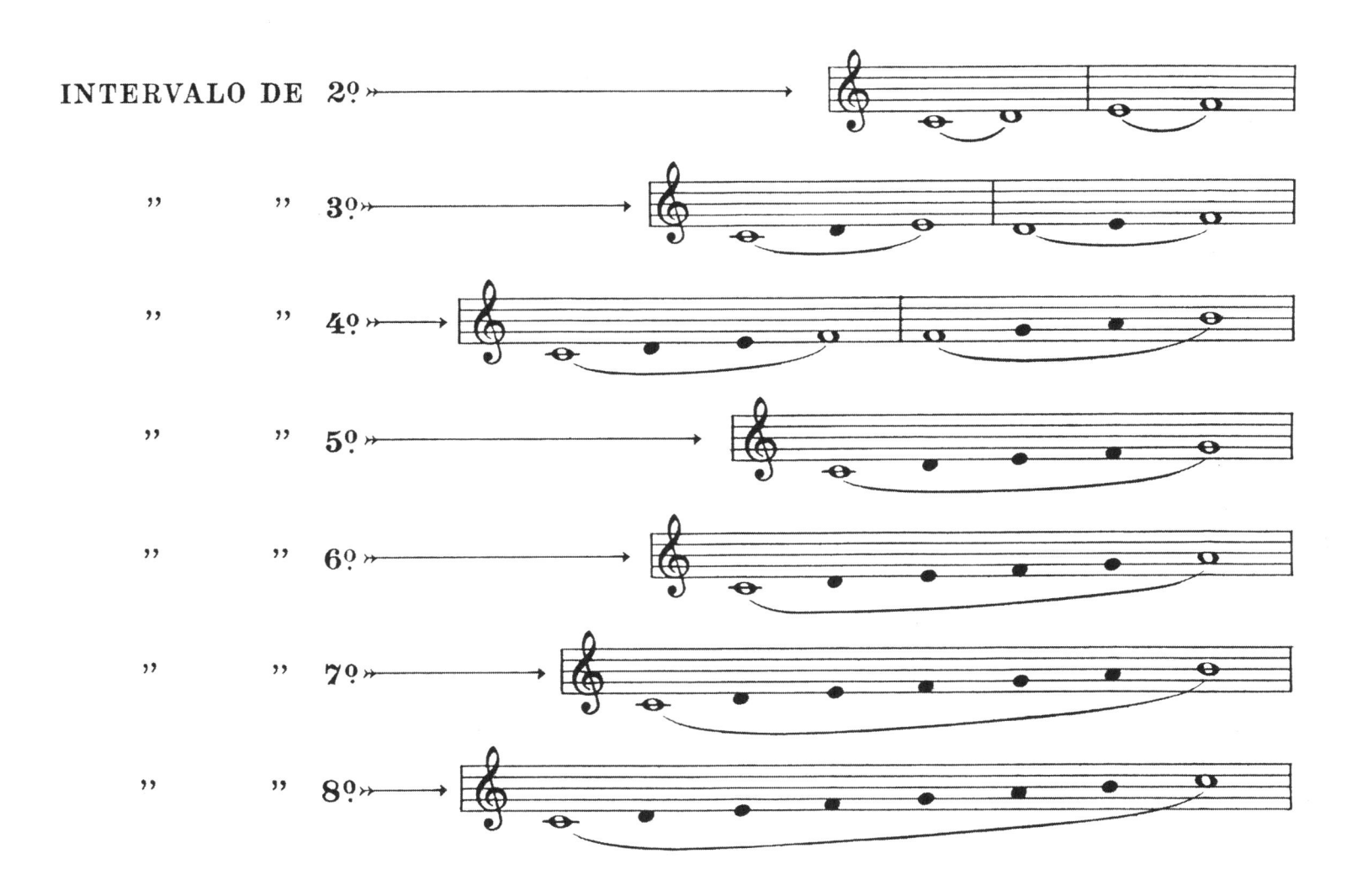

INTERVALO DE 2º

" " 3º

" " 4º

" " 5º

" " 6º

" " 7º

" " 8º

TERMOS ITALIANOS INERENTES À EXPRESSÃO

Ad lib.	*ad libitum*	} A vontade
A piac.	*a piacere*	
Cresc.	*crescendo*	} Aumentando o som
Rinf.	*rinforzando*	
Cal°.	*calando*	
Dim.	*diminuendo*	} Diminuindo o som
Decresc.	*decrescendo*	
Smorz.	*smorzando*	
Accel.	*accelerando*	} Acelerando o compasso
String.	*stringendo*	
Manc.	*mancando*	
Perd.	*perdendosi*	} Demorando o compasso
Rall.	*rallentando*	
Rit.	*ritardando*	
Dolce	*dolce*	
Mez. voce	*mezza voce*	} Com suavidade
p	*piano*	
Sotto voce	*sotto voce*	
A tp°. ou I Tempo	*a tempo*	Primeiro movimento
f	*forte*	Com força
ff	*fortissimo*	Com muita força
pp	*pianissimo*	Com muita suavidade
sfz	*sforzando*	Forçando

1ª LIÇÃO

PRIMEIROS EXERCÍCIOS COM A MÃO DIREITA

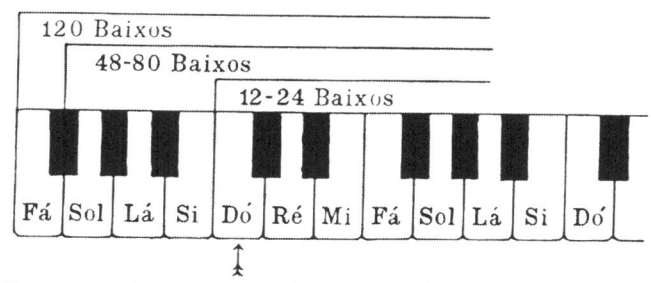

Começar a fazer os exercícios pelo Dó indicado pela seta.

O discípulo deve obedecer rigorosamente ao abrir e fechar do fole.

CADA SEMIBREVE VALE QUATRO TEMPOS

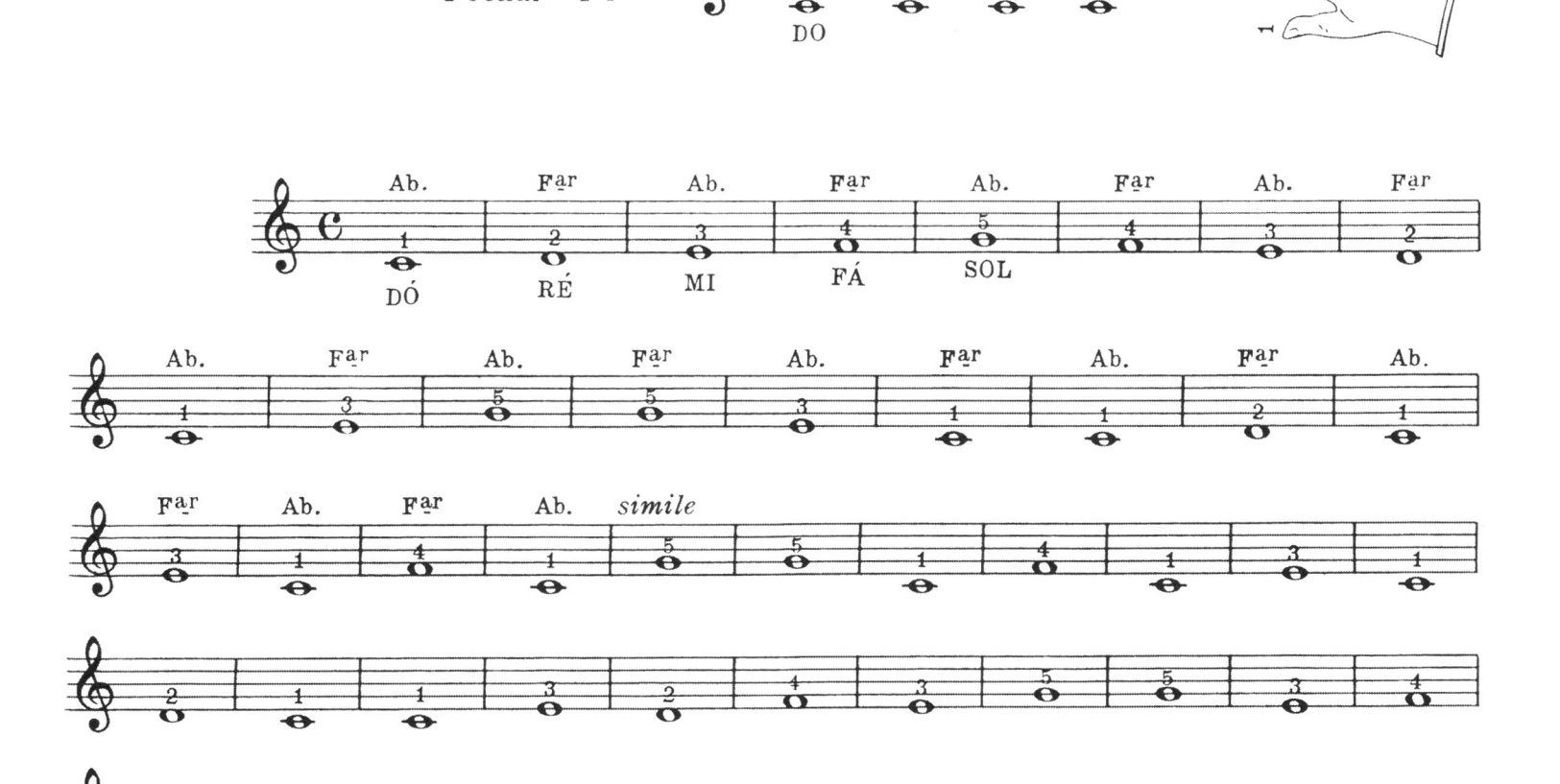

Abrir — Ab.
Fechar — F<u>ar</u>

2ª LIÇÃO

CADA MÍNIMA VALE DOIS TEMPOS

Decorar bem as notas, porque aos poucos o dedilhado será abolido.

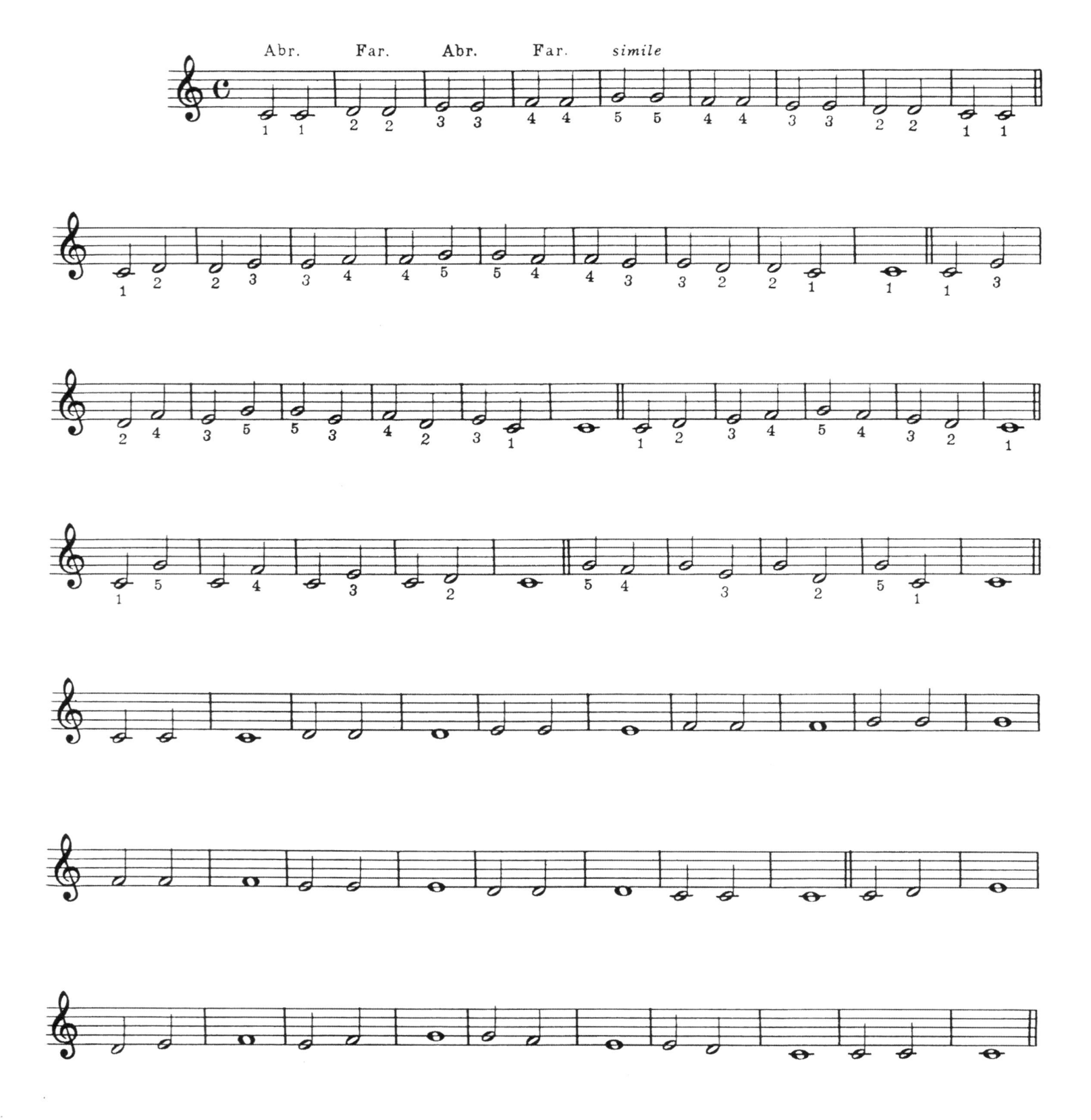

3ª LIÇÃO

CADA SEMÍNIMA VALE UM TEMPO

Observar o movimento do fole. Abra um compasso e feche outro.

4ª LIÇÃO

Ocuparemos nesta lição as Semibreves, Mínimas, Semínimas, e também suas pausas correspondentes.

Procure não colocar dedilhado nos exercícios.

5ª LIÇÃO

Esta lição deve-se tocar diversas vezes. As pausas devem ser rigorosamente obedecidas e também o abrir e fechar do fole.

Atenção: — Não se deve colocar dedilhado nesta lição. Cuidado com o movimento do fole.

6ª LIÇÃO

Nos compassos simples cada colcheia vale meio tempo.

Não é permitido colocar dedilhado nesta lição.

7ª LIÇÃO

Nesta lição ocuparemos as Semibreves, Mínimas, Semínimas e Colcheias.

Para uma perfeita divisão deve-se repetir diversas vezes, obedecendo sempre o valor de cada pausa.

Peço aos professores não permitir aos alunos colocarem dedilhado nas lições.

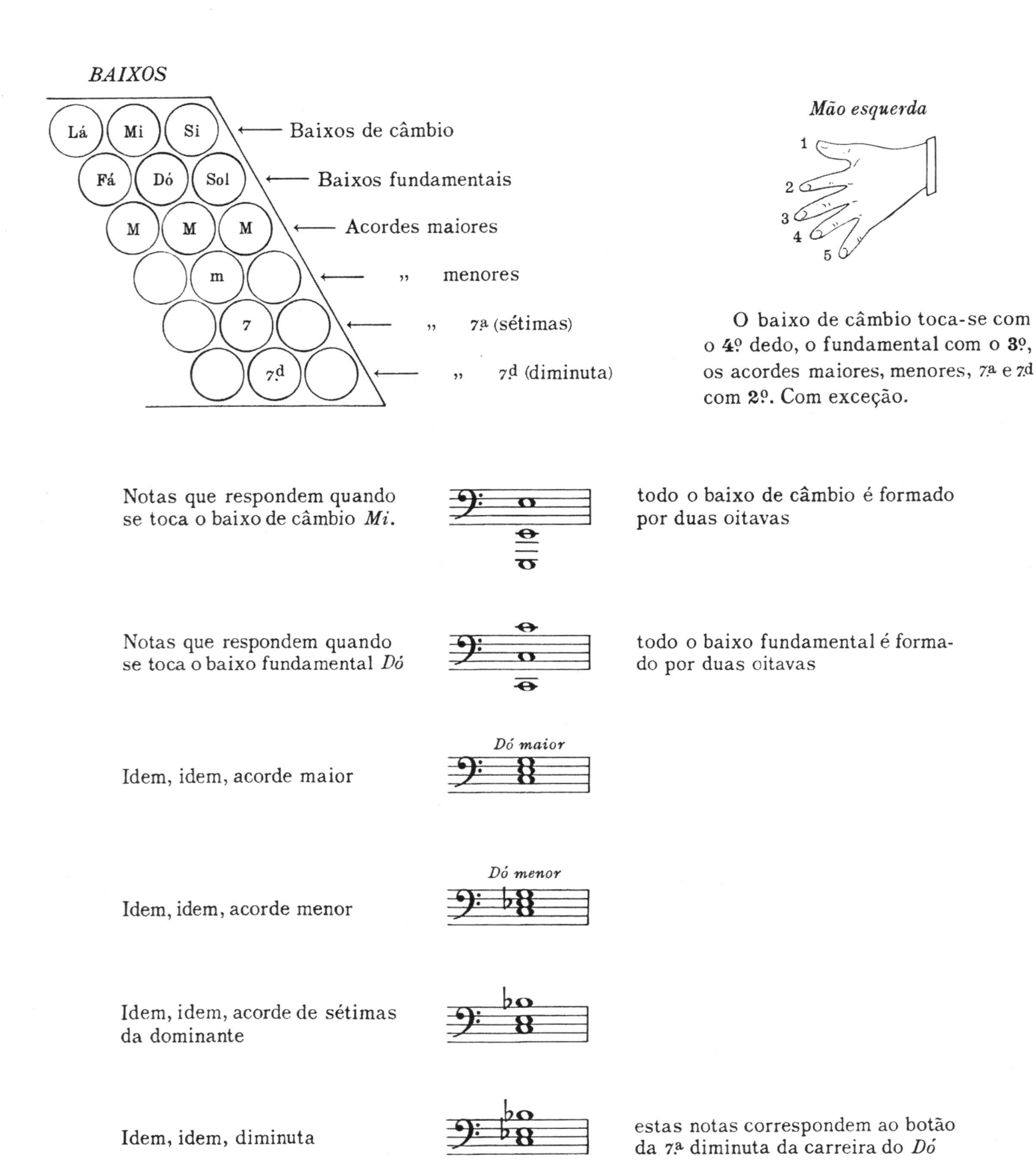

Baixos

BAIXOS

- Lá, Mi, Si ← Baixos de câmbio
- Fá, Dó, Sol ← Baixos fundamentais
- M, M, M ← Acordes maiores
- m ← " menores
- 7 ← " 7ª (sétimas)
- 7.d ← " 7.d (diminuta)

Mão esquerda

O baixo de câmbio toca-se com o 4º dedo, o fundamental com o 3º, os acordes maiores, menores, 7ª e 7.d com 2º. Com exceção.

Notas que respondem quando se toca o baixo de câmbio *Mi*.	𝄢	todo o baixo de câmbio é formado por duas oitavas
Notas que respondem quando se toca o baixo fundamental *Dó*	𝄢	todo o baixo fundamental é formado por duas oitavas
Idem, idem, acorde maior	*Dó maior* 𝄢	
Idem, idem, acorde menor	*Dó menor* 𝄢 ♭	
Idem, idem, acorde de sétimas da dominante	𝄢 ♭	
Idem, idem, diminuta	𝄢 ♭♭	estas notas correspondem ao botão da 7ª diminuta da carreira do *Dó*

8.ª LIÇÃO
ABREVIAÇÕES PARA ESCREVER OS ACORDES DOS BAIXOS

M — Acorde maior
m — ,, menor
7.ª — ,, de sétima
7.d — ,, de 7.ª diminuta

CIFRAS
{ A - B - C - D - E - F - G }
{ Lá - Si - Dó - Ré - Mi - Fá - Sol }

Grafia para Piano:

ABREVIAÇÕES PARA ACORDEON

Execução do *legato* sem interromper o som.

9ª LIÇÃO
BAIXOS

Prenda o baixo fundamental.

10ª LIÇÃO

DUAS MÃOS

Contar os tempos.
O som deve ser sempre firme e uníssono.

Importante: — Observar o abrir e fechar do fole.

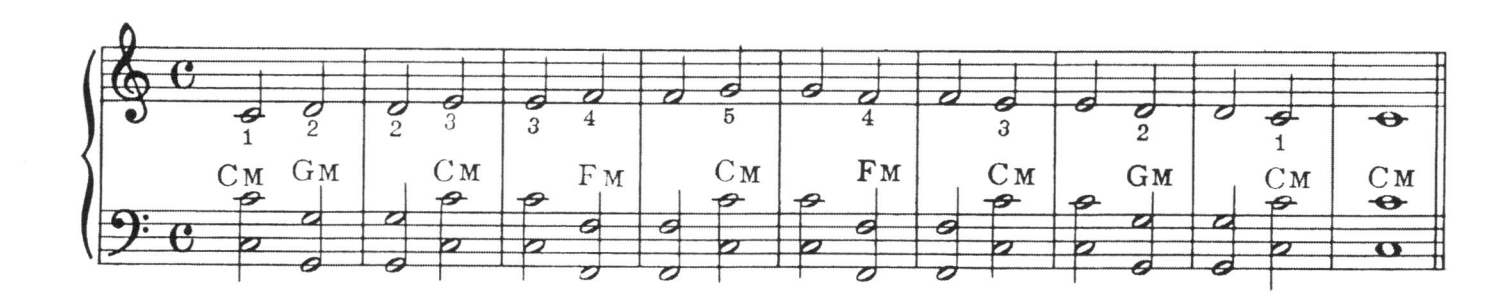

Tocar os baixos bem *staccato* como se fossem notas pontuadas.

11ª LIÇÃO

(Três maneiras diferentes de acompanhamentos)

12ª LIÇÃO

COMPASSO "TERNÁRIO" 3/4

Ocuparemos nesta lição a mínima pontuada e a ligadura. O ponto colocado ao lado de uma nota aumenta-lhe metade do seu valor. *Ex.* 𝅗𝅥. = 𝅗𝅥 𝅘𝅥 *(três tempos)*

A ligadura serve para ligar e unir os sons.

Os compassos devem ser: um abrindo, outro fechando.

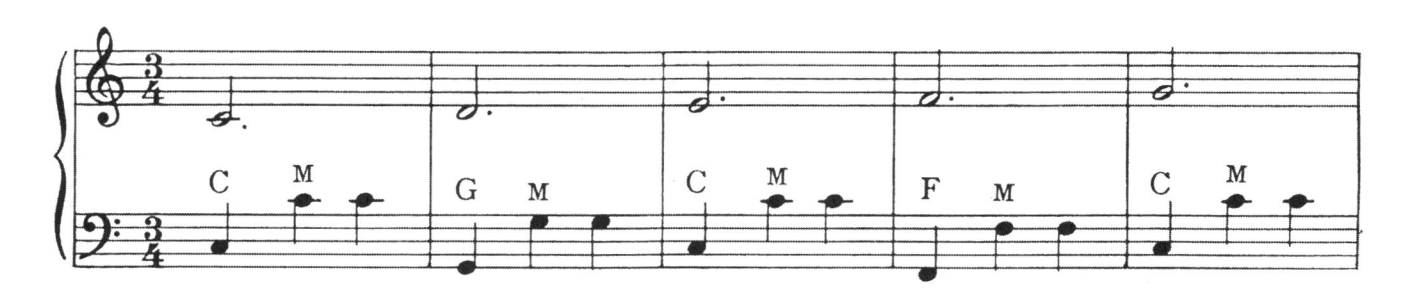

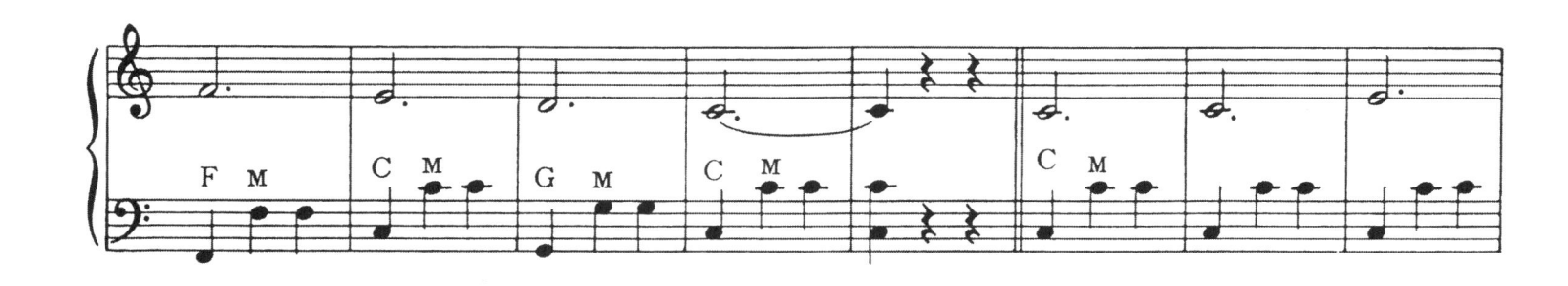

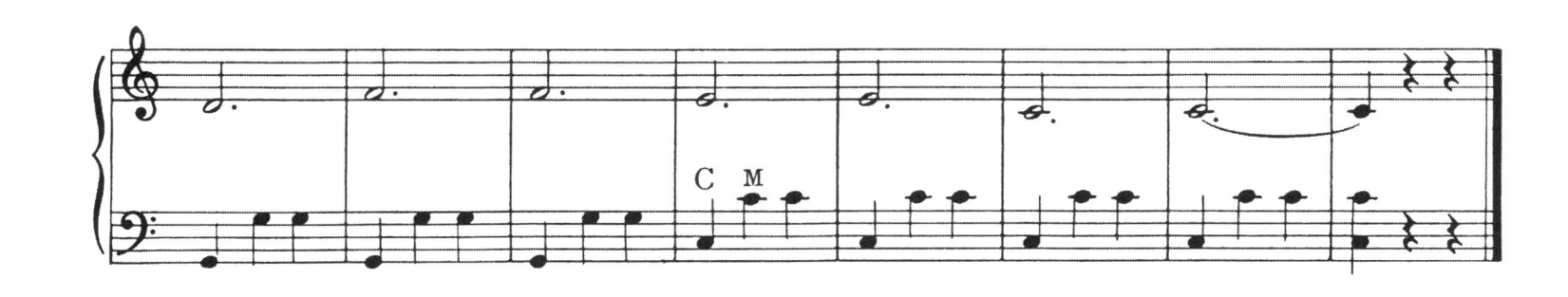

13ª LIÇÃO

Procure tocar os baixos bem *"staccato"*
Obedeça o movimento do fole.

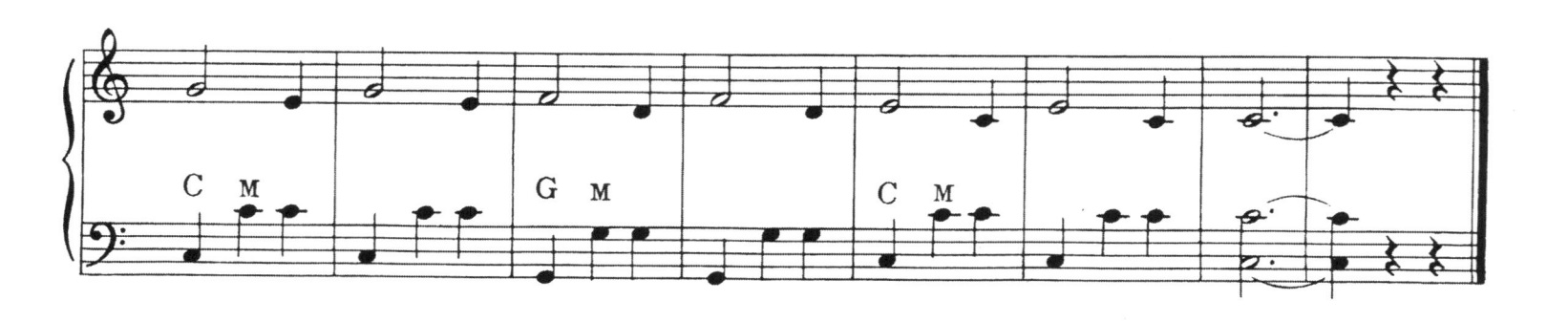

14ª LIÇÃO

    Primeira valsinha popular de Acordeon. Aqui aproveitamos os estudos das lições anteriores, **12ª** e **13ª**.

    Não se deve abrir e nem fechar o fole quando estiver tocando uma nota. Solte sempre a nota quando tiver que movimentar o fole em sentido contrário.

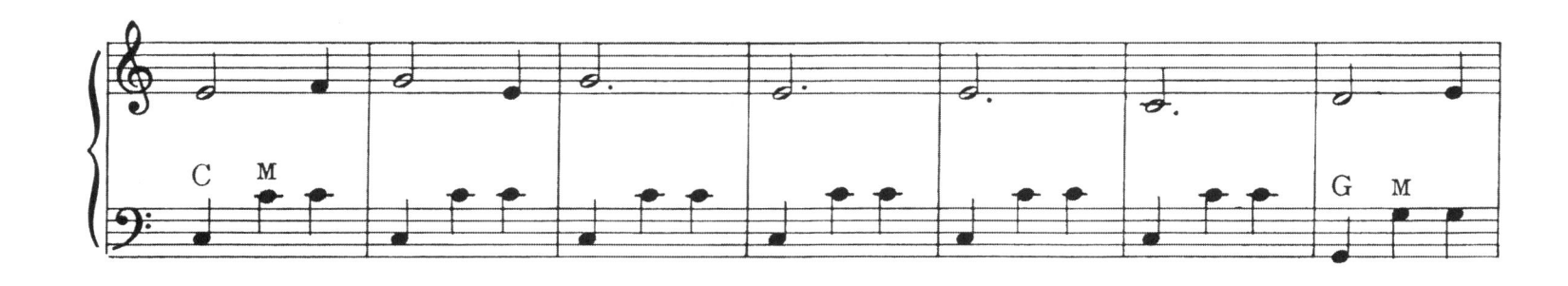

15ª LIÇÃO

Primeira lição com as duas mãos em colcheias.
Atenção para o dedilhado.

16ª LIÇÃO

Ocuparemos nesta lição as Mínimas, Semínimas e Colcheias.
Tocar os baixos bem *staccato*. Siga exemplo da lição **15ª**.

17ª LIÇÃO

O soldadinho de chumbo
MARCHA-LENTA

Canção da noite
CANÇÃO

Atenção para as pausas.

18ª LIÇÃO

ATENÇÃO - O primeiro dedo começará a tocar na nota Sol, conforme indicação.

19ª LIÇÃO

Nesta lição ocuparemos o baixo RÉ (D).

ESTUDO EM SOL MAIOR

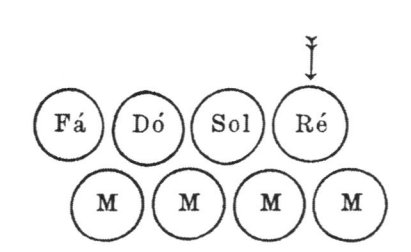

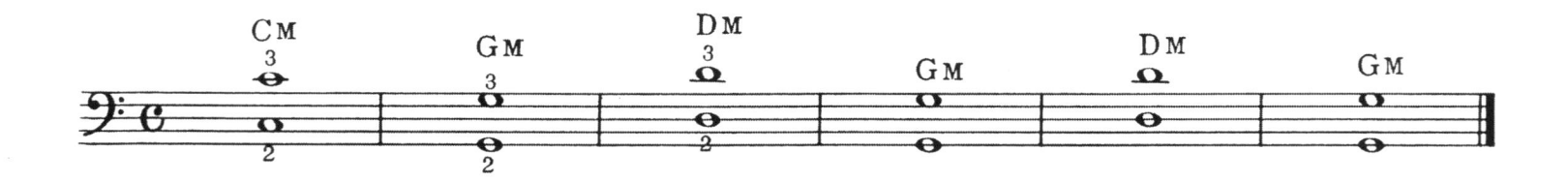

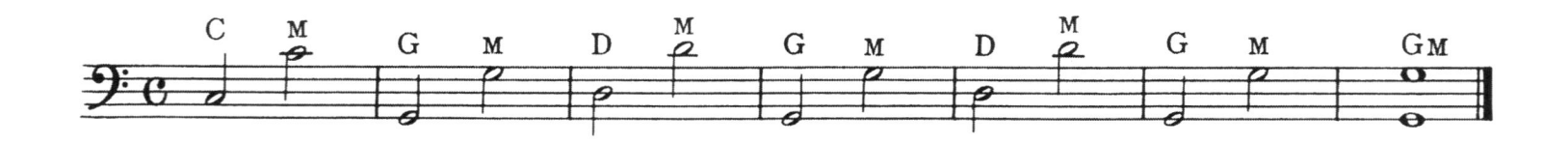

Procure imitar o som de órgão. Cuidado com o movimento do fole.

Toque devagar. Procure tirar o som bem claro, sem dar arrancos com o fole.

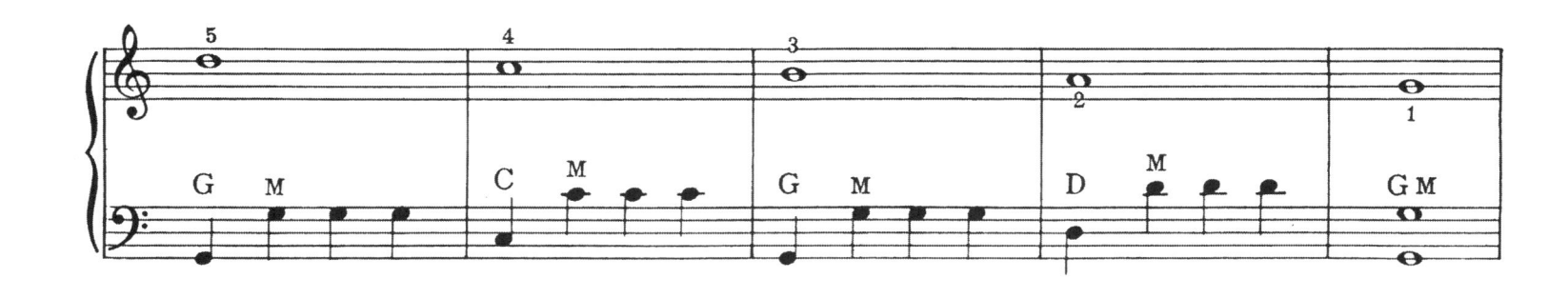

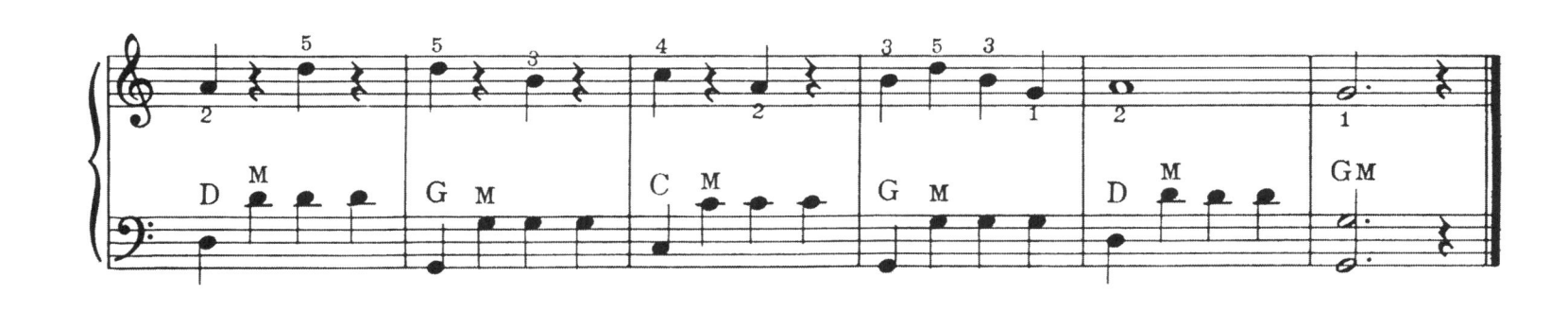

20ª LIÇÃO

Meu acordeon

VALSA

ESTUDO EM COLCHEIAS

Tocar dois compassos abrindo e dois fechando o fole.

21ª LIÇÃO

ESTUDO EM FÁ MAIOR

22ª LIÇÃO
ESTUDO EM FÁ MAIOR
DUAS MÃOS

Os sinais de repetição devem ser obedecidos.

Cada compasso deve ser repetido **10** vezes no mínimo. Toque *legato* e *staccato*. Aumente a velocidade aos poucos.

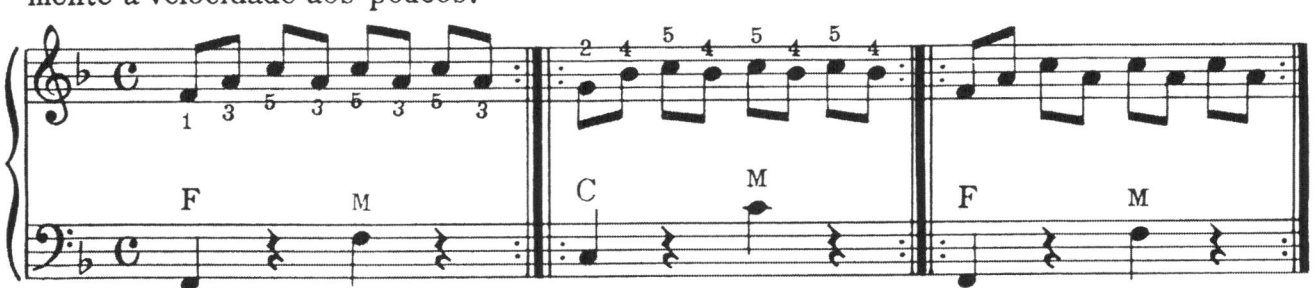

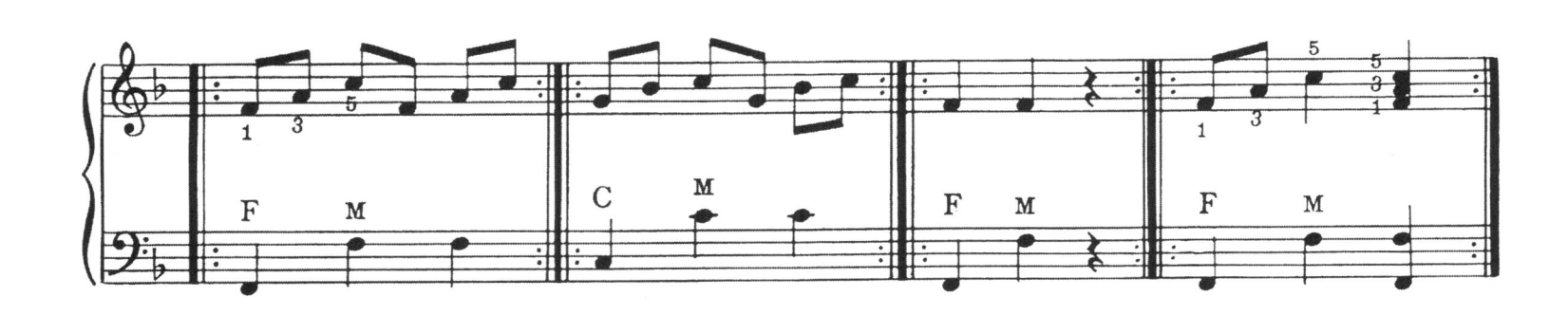

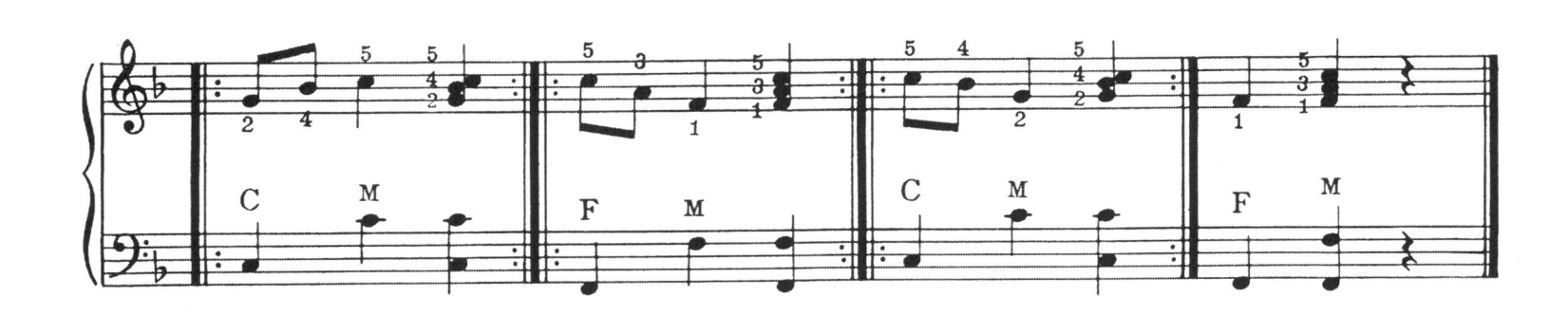

23ª LIÇÃO

Escalas maiores de *Fá, Dó, Sol, Ré, Lá*. Mão direita na extenção de uma oitava.

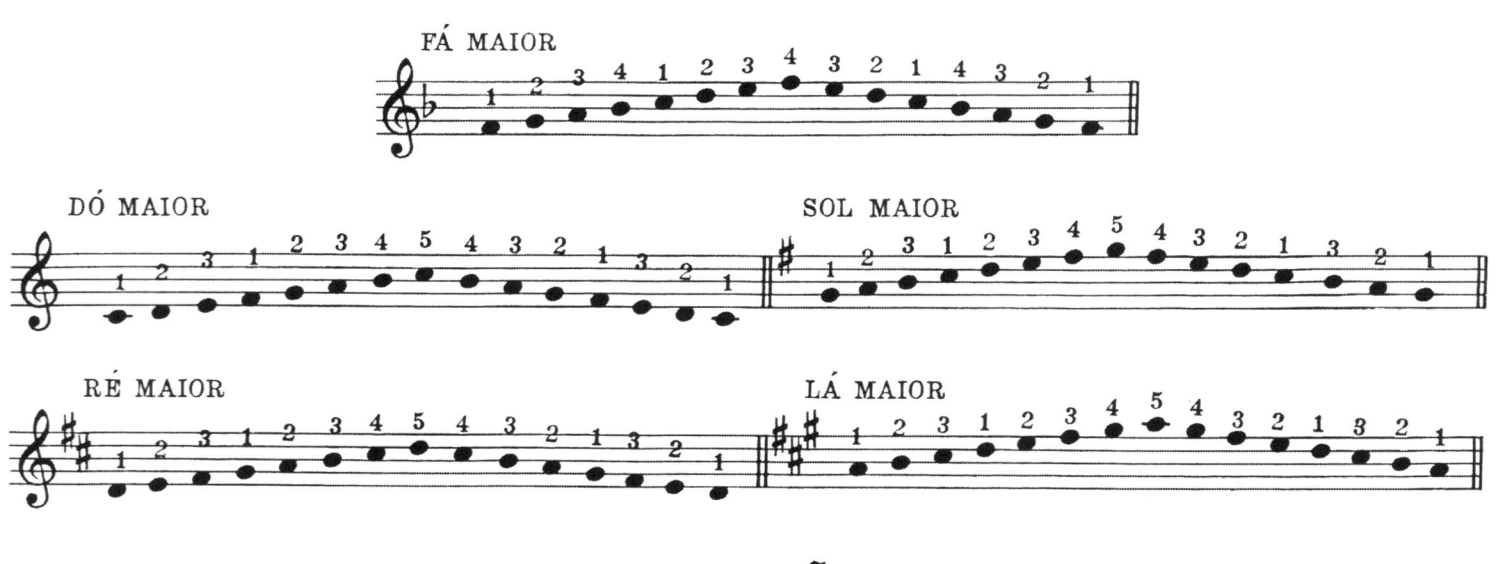

24ª LIÇÃO

Arpejos dos acordes perfeitos da tônica, nos tons de *Fá, Dó, Sol, Ré, Lá*.

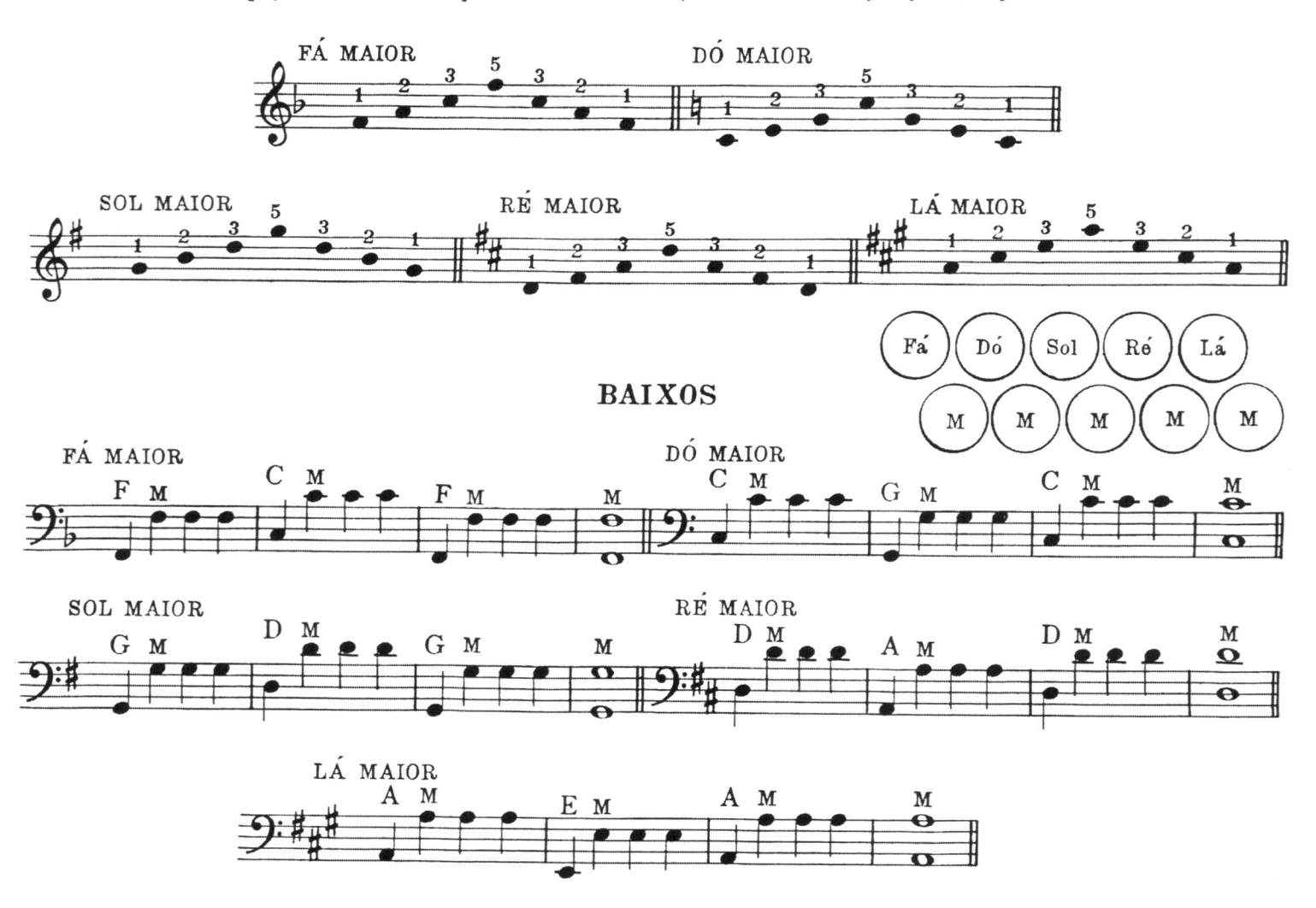

BAIXOS

Música para exame

Oh! Minas Gerais
VALSA

1º ANO

Arr. de ALENCAR TERRA

Allegro

Música para exame

Canção em 3/4

RANCHEIRA-VALSA

1º ANO

Nos rítmos de rancheiras, os baixos são sempre *staccato*. Com exceção.

Alencar Terra

25ª LIÇÃO

EXERCÍCIOS NO TOM DE DÓ MAIOR

Não se deve olhar para o teclado.

Música para exame

O Roceiro
RANCHEIRA

1º ANO

ALENCAR TERRA

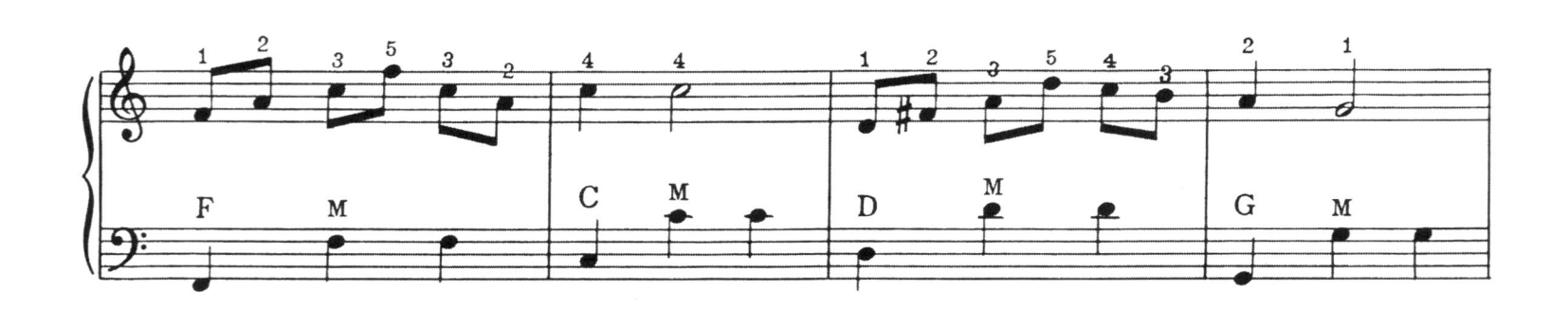

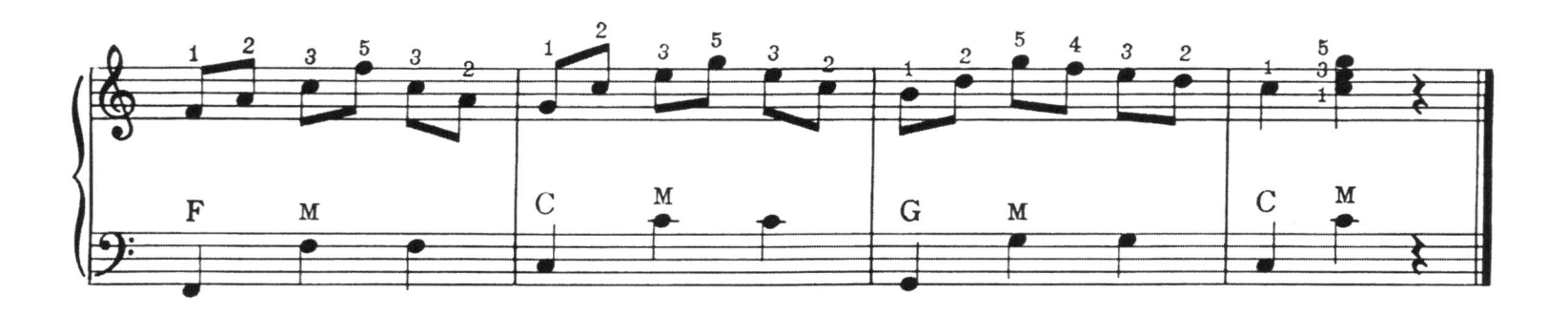

Música para exame

Noite de Natal

VALSA CANÇÃO

1º ANO

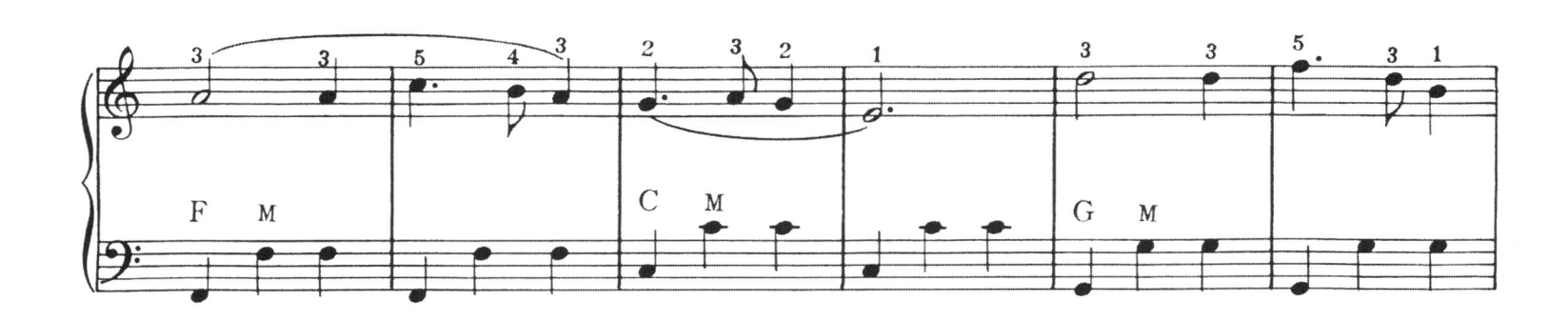

Música para exame

Parabens p'ra você

Arr. de ALENCAR TERRA

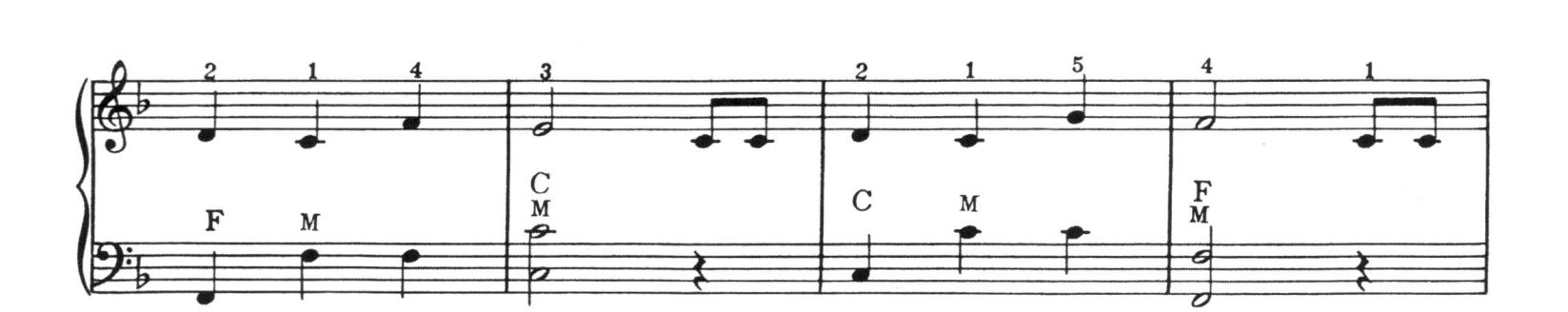

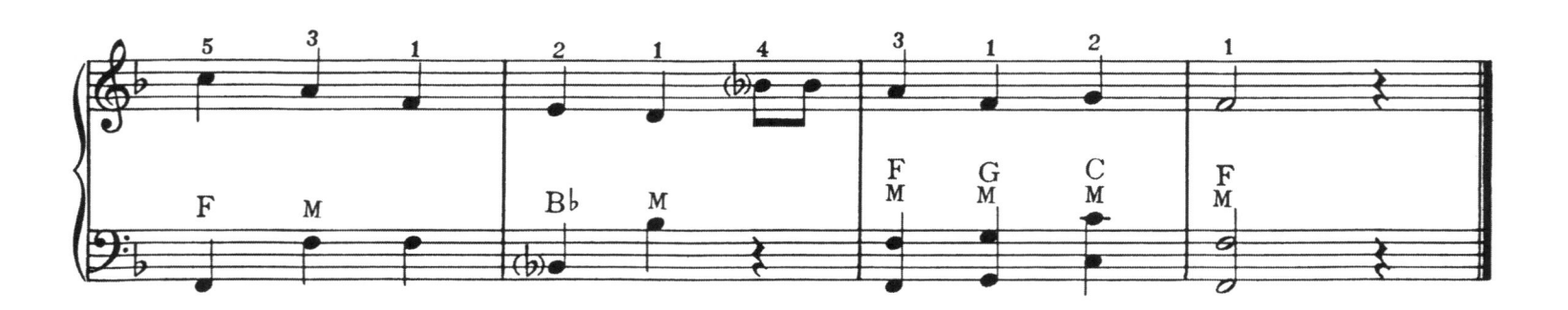

Música para exame

Capelinha de Melão

1º ANO

Arr. de ALENCAR TERRA

Música para exame

Escravo de Job

(CANTIGA POPULAR)

1º ANO

Arr. de ALENCAR TERRA

1.º ANO

Programa de Acordeon de acordo com o Serviço de Educação Musical e Artística da P. D. F. (S. E. M. A.)

1.º Ano

TÉCNICA

Pontos:

1 — Conhecimentos dos baixos de "câmbio" e fundamentais até 4 acidentes na armadura da clave.

2 — Escalas maiores até 4 acidentes na armadura da clave. Mãos separadas.

3 — Arpejos de 3 e 4 sons nos mesmos tons das escalas. Mãos separadas.

4 — Estudos até 4 acidentes na armadura da clave, incluindo colcheias. Duas mãos.

LEITURA

5 — Maneira de escrever música para mão esquerda. De acordo com a convenção internacional realizada em Lausanne (Suíça), ficou estabelecida uma só maneira de escrever música para acordeon no que se refere à clave de Fá (baixos). As notas colocadas até a 3.ª linha da pauta, representam as notas fundamentais ou "câmbio", e da terceira linha para cima, representam acordes, havendo porém uma exceção para as escalas. Os acordes, são denominados por uma só nota, sempre com a respectiva indicação.

> M — acorde maior
> m — ,, menor
> 7 — ,, de sétima
> 7d — ,, de sétima diminuta

O baixo de "câmbio" é indicado por um traço colocado acima ou abaixo da nota.

AGILIDADE

6 — Técnica da velocidade. Veja obra de Alencar Terra.

RITMOS

7 — Ritmos diversos.

REPERTÓRIO

8 — Peças fáceis para o 2.º ano — Arr. aprovados pelo S.E.M.A.

MATÉRIA

9 — Mínimo de matéria a ser estudada durante o ano: 10 estudos e 6 peças.

EXAME

10 — Escalas e arpejos, um estudo, um exercício de velocidade, duas músicas, sendo: uma brasileira e uma estrangeira.

Para 2.º e 3.º ano
Veja método Alencar Terra, 2.º volume

1ª LIÇÃO

Conhecimento dos baixos de "cambio", 3ª maior ou auxiliar e fundamentais até 4 acidentes na armadura da clave.

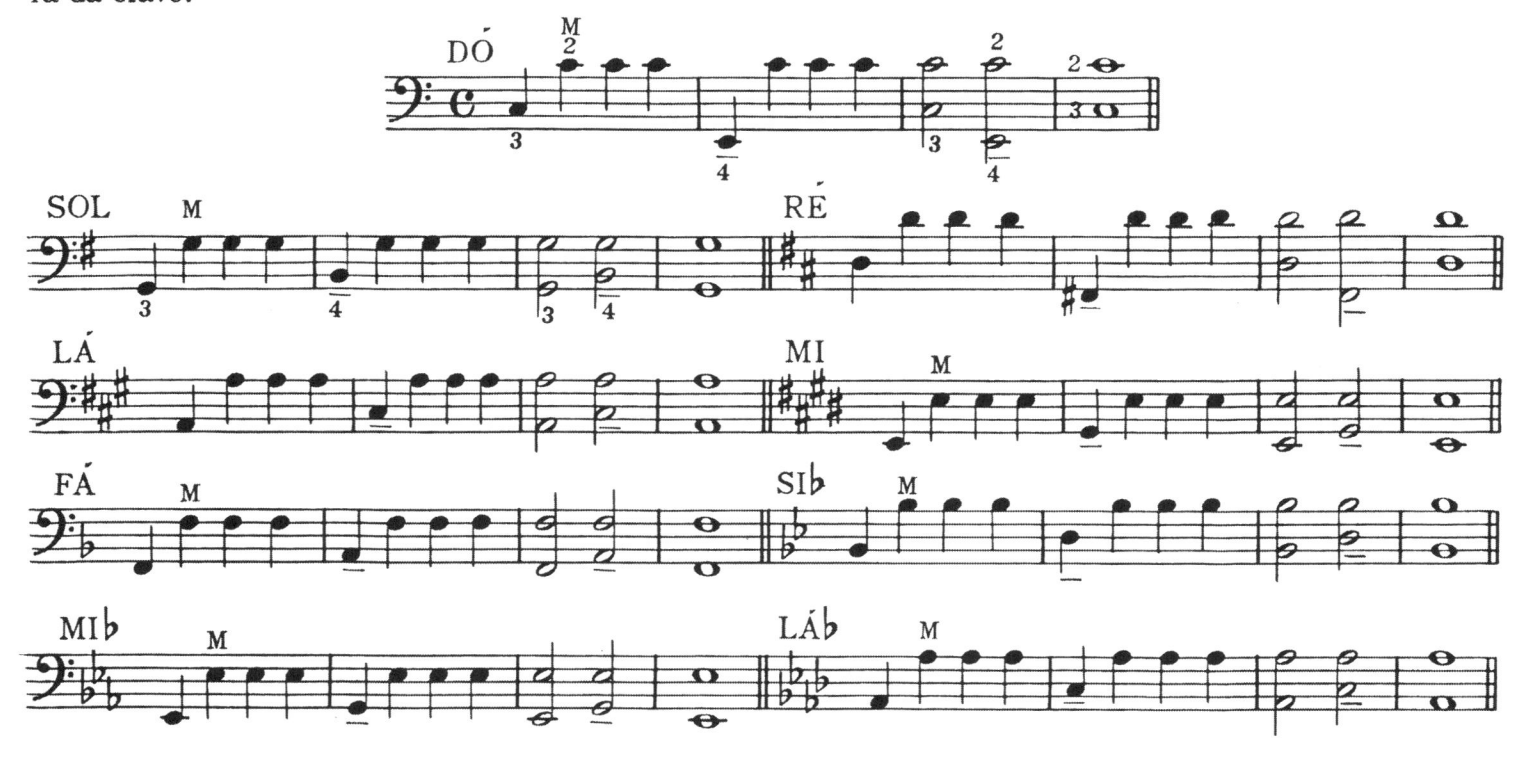

QUADRO DOS BAIXOS
MÃO ESQUERDA

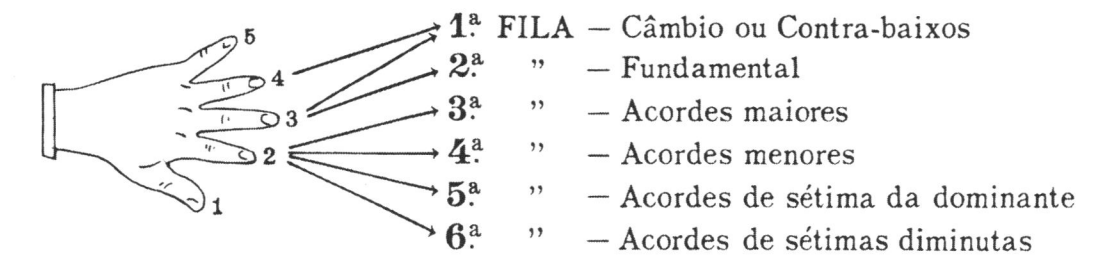

1ª FILA — Câmbio ou Contra-baixos
2ª "   — Fundamental
3ª "   — Acordes maiores
4ª "   — Acordes menores
5ª "   — Acordes de sétima da dominante
6ª "   — Acordes de sétimas diminutas

DÓ principal. (*Os números indicam os dedos*)

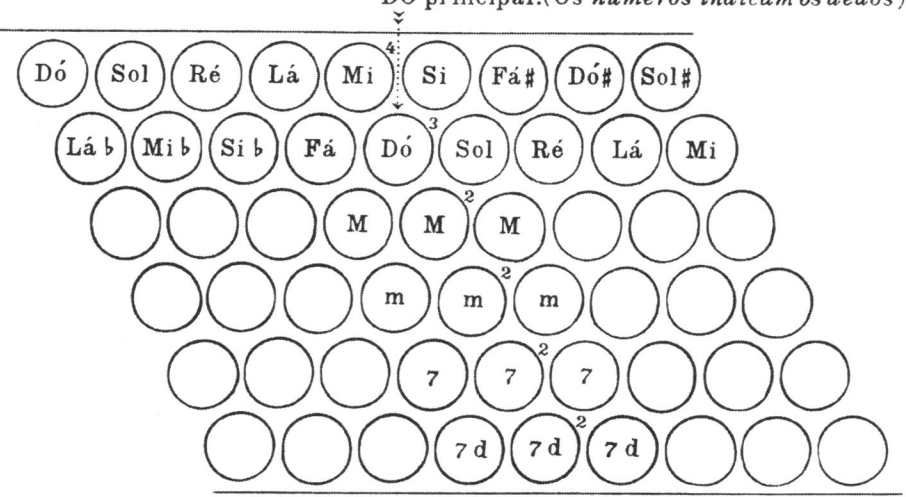

2ª LIÇÃO

Preparação da escala de Dó maior *(baixos)*

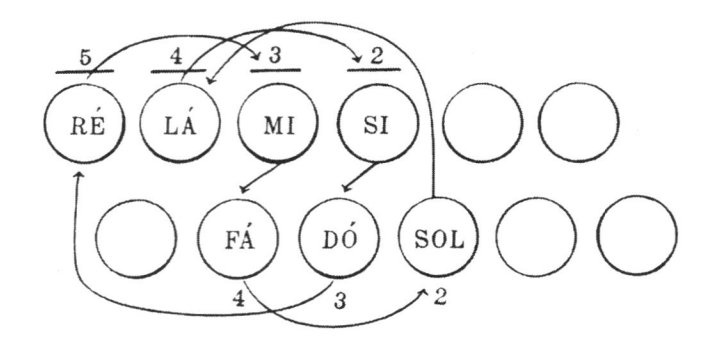

As escalas dos baixos seguem sempre uma só indicação *(base)*. Na base da escala de Dó maior, o discípulo poderá fazer qualquer outra escala maior com grande facilidade, pois o dedilhado e a posição são sempre os mesmos.

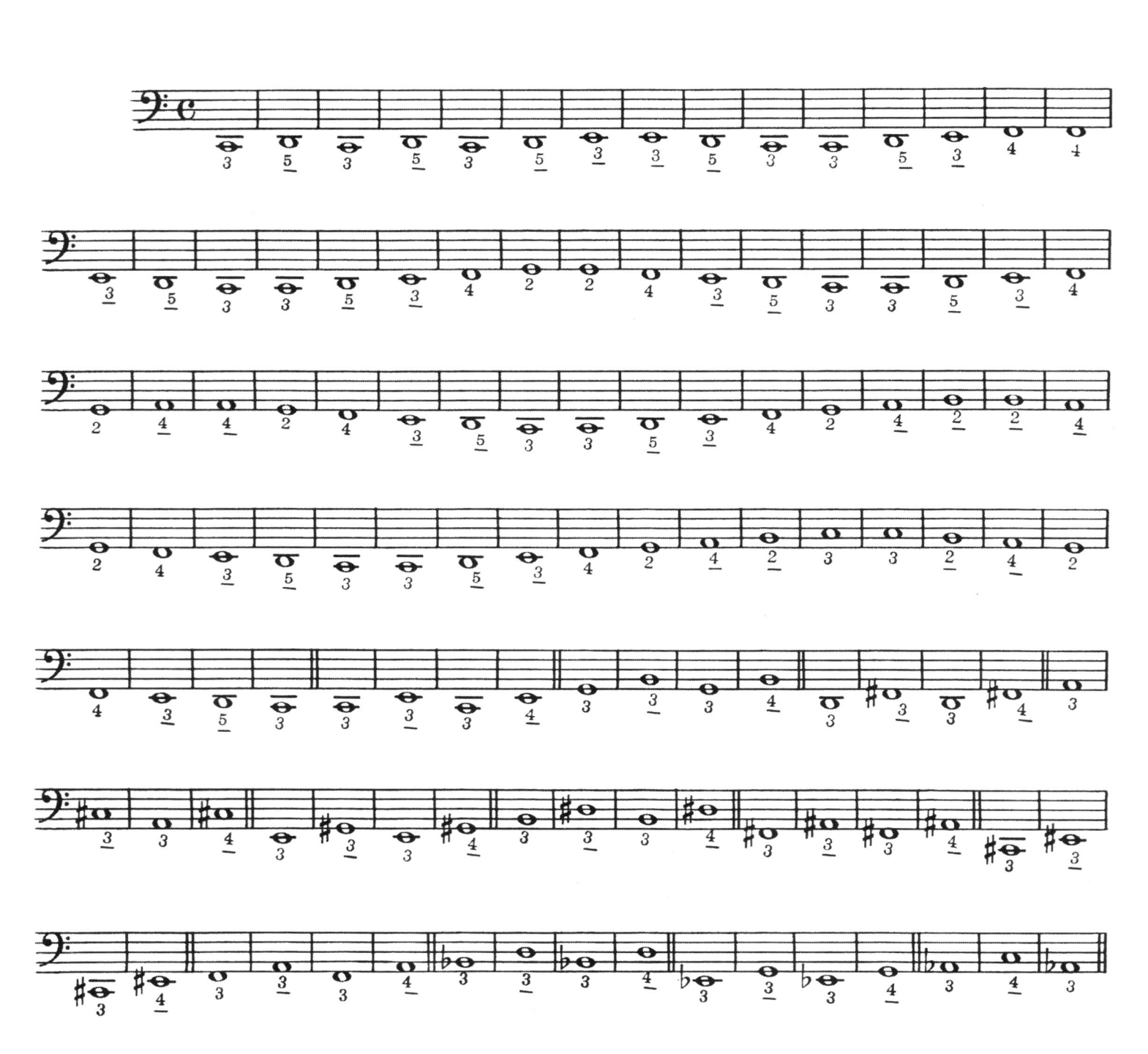

3ª LIÇÃO
MÃO DIREITA

Escalas maiores até 4 acidentes na armadura da clave, mãos separadas

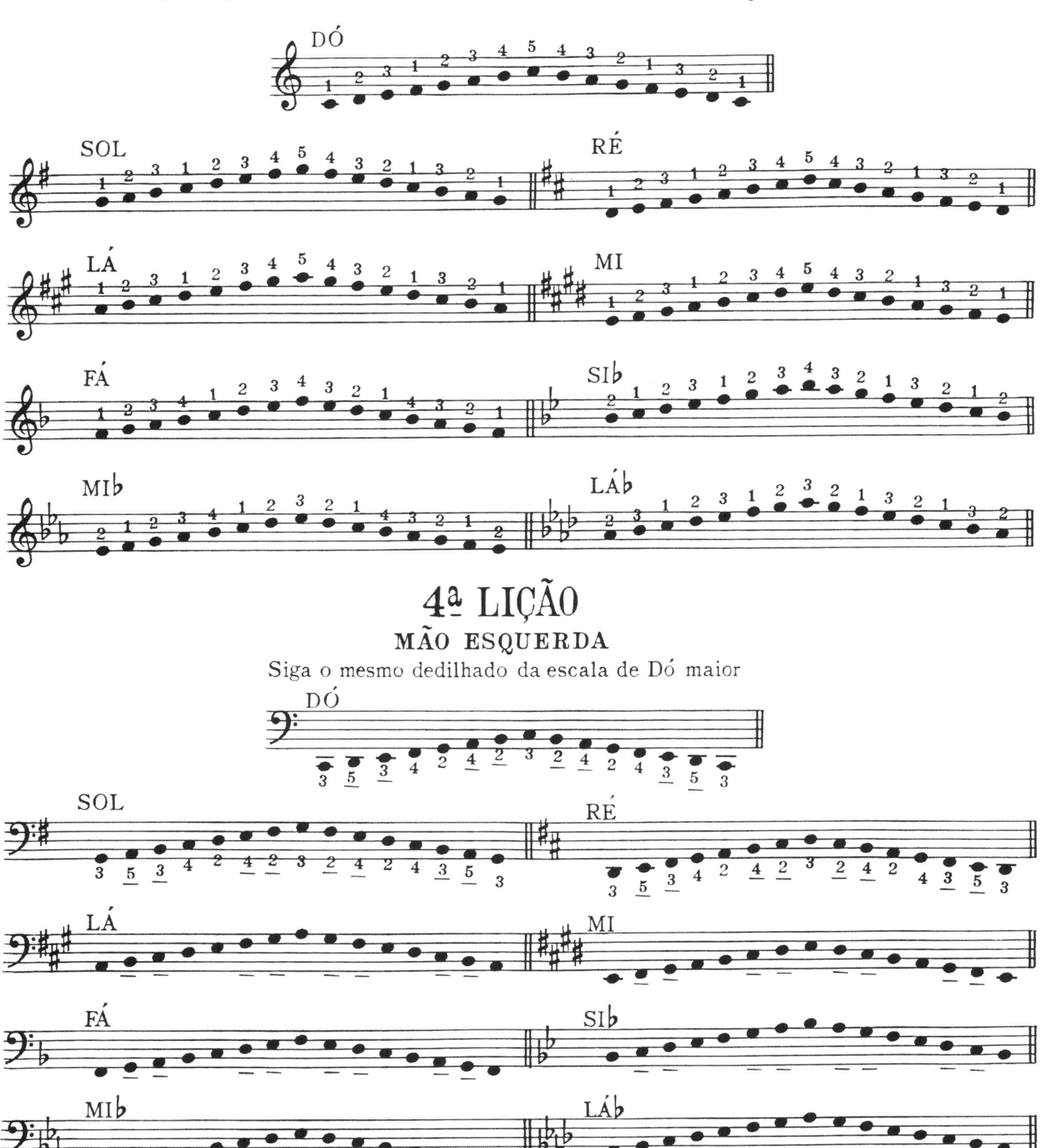

4ª LIÇÃO
MÃO ESQUERDA

Siga o mesmo dedilhado da escala de Dó maior

5ª LIÇÃO

MÃO DIREITA

Arpejos dos acordes perfeitos da tônica até 4 acidentes na armadura da clave uma oitava, mãos separadas.

6ª LIÇÃO

MÃO ESQUERDA

Siga o mesmo dedilhado do arpejo de Dó maior

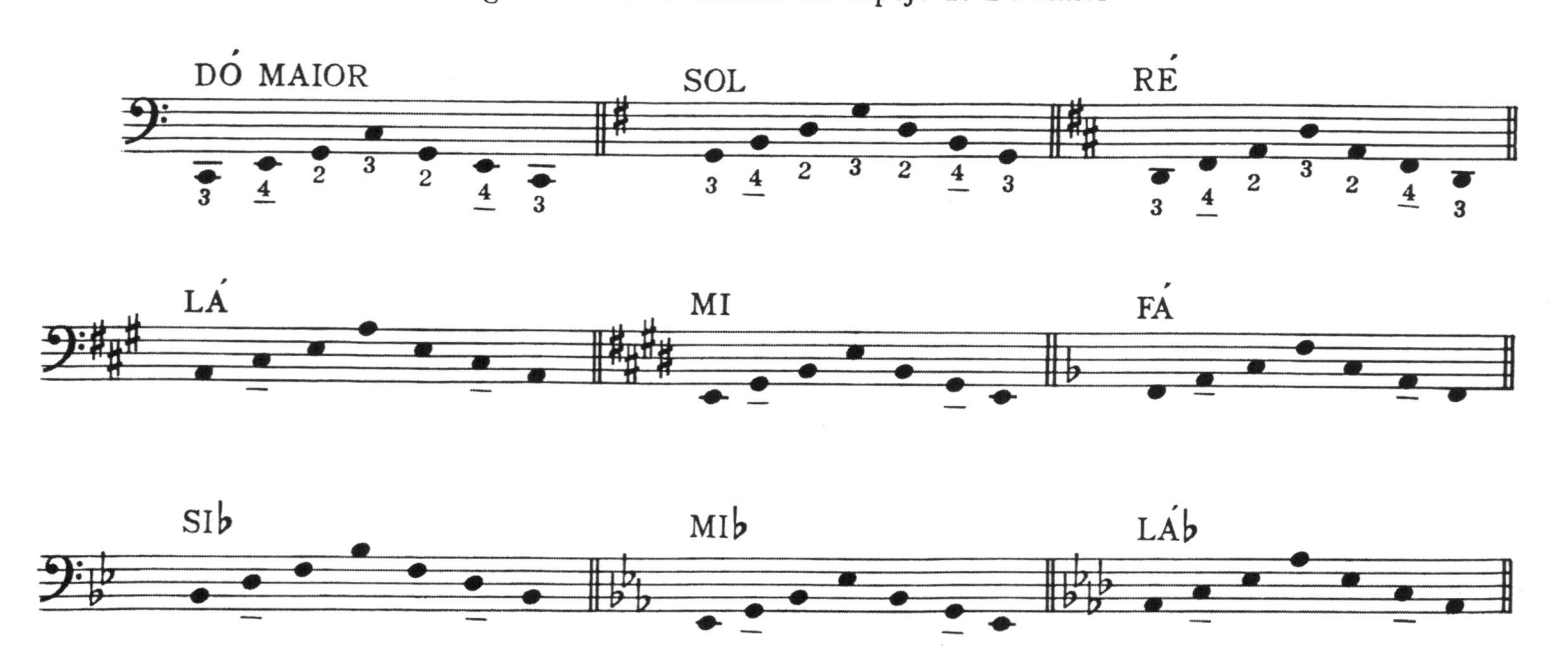

7ª LIÇÃO
ESTUDO EM RÉ MAIOR

8ª LIÇÃO

Mutirão

RANCHEIRA

Andamento:
Vivace 126

Toque a mão direita bem *staccato*

9ª LIÇÃO

ESTUDO EM LÁ MAIOR Nº 1

10ª LIÇÃO

ESTUDO EM LÁ MAIOR Nº 2

Os baixos devem ser tocados em *staccato*

11ª LIÇÃO
ESTUDO EM MI MAIOR Nº 1

12ª LIÇÃO

ESTUDO EM MI MAIOR Nº 2

Atenção: Não solte as semibreves enquanto estiver tocando as colcheias.

13ª LIÇÃO
ESTUDO EM SI♭ MAIOR

Cuidado com o dedilhado. Siga o que está escrito.

Atenção para as pausas da mão esquerda.

Moderato — Conte os tempos.

14.ª LIÇÃO

ESTUDO EM MI♭ MAIOR

Siga o dedilhado da lição.

EXERCÍCIOS EM RITMO DE VALSA

Obedeça os sinais de repetição. Registro agudo.

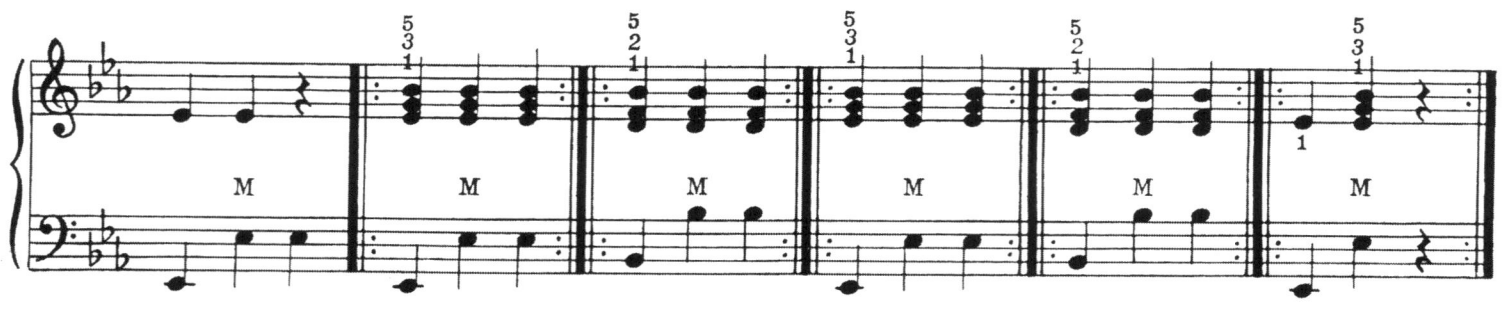

PREPARAÇÃO

Canção em 2/4
MARCHA

Alencar Terra

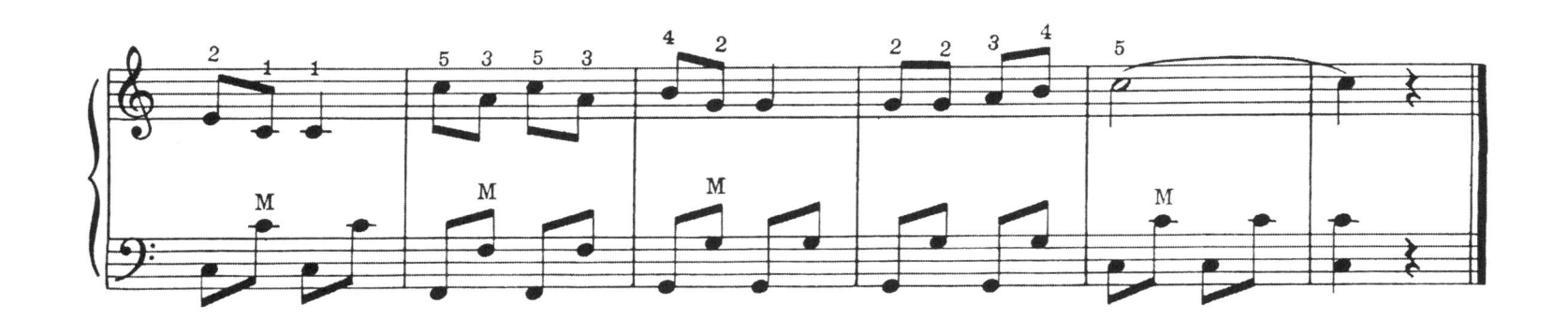

Obedeça o dedilhado.

Baixos *staccato*

15ª LIÇÃO

ESTUDO COM BAIXOS MENORES

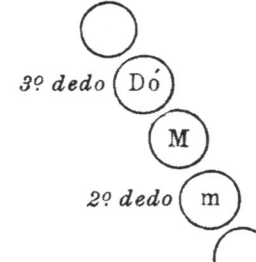

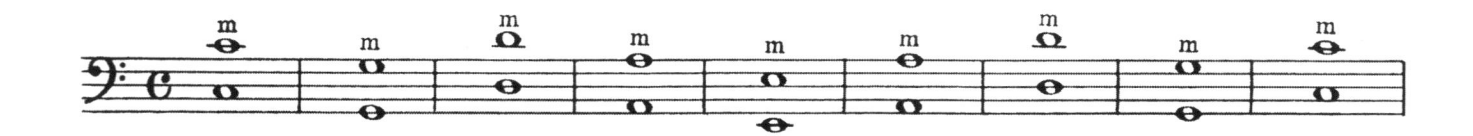

Os acordes dos baixos menores são indicados por um (m) minúsculo.

Primeira valsa ocupando os baixos menores.

Valsa-Serenata

Ligue os sons. Cuidado com o fole. Baixos *staccato*

ALENCAR TERRA

Moderato

Jingle Bells

(CANÇÃO DE NATAL)

2º ANO

Arr. de ALENCAR TERRA

O Camponês

2º ANO

F. VON SUPPÈ

Allegro

Baixos: *staccato*

Rancheira Nº 4

2º ANO

ALENCAR TERRA

Allegro

Baixos: *staccato*

Música para exame

OI, CADÊ MEU PAI
Choro Nº 1

2º ANO

ALENCAR TERRA